尤尼泰案例集

杭 喆／主编

南开大学出版社

图书在版编目（CIP）数据

尤尼泰案例集 / 杭喆主编. 一天津：南开大学出版社，2016.5

ISBN 978-7-310-05077-2

Ⅰ.①尤… Ⅱ.①杭… Ⅲ.①税收管理－案例－中国 Ⅳ.①F812.423

中国版本图书馆 CIP 数据核字(2016)第 055739 号

南开大学出版社出版发行

出版人：孙克强

地址：天津市南开区卫津路 94 号　　邮政编码：300071

营销部电话：(022) 23508339　23500755

营销部传真：(022) 23508542　邮购部电话：(022) 23502200

*

北京九州迅驰传媒文化有限公司印刷

全国各地新华书店经销

*

2016 年 5 月第 1 版　2016 年 5 月第 1 次印刷

240×170 毫米　16 开本　16 印张　203 千字

定价：58.00 元

如遇图书印装质量问题，请与本社营销部联系调换，电话：(022) 23507125

《尤尼泰案例集》编写组

主　编： 杭　喆

副主编： 陈　燕　王　瑾　洪昌清

编写人：（按拼音顺序排列）

曹　辉	陈　燕	崔宏彦	邓国华	董　芳	杜美玲	方　凯
高　青	贺　艳	洪昌清	邝　涌	李海峰	李　娟	李　琳
李彦芹	李永红	梁　峰	刘　喜	刘迎君	刘云霞	卢红珍
马　欣	满兴茂	钱丽君	童　辉	涂用辉	汪晓红	徐薇芝
徐贤斌	许义贤	许　云	薛燕子	杨英敏	殷庭兰	张恩强
张敏洁	赵国波	赵　杰	赵志勇	朱淑云	邹双娴	邹晓雍
邹艳丽						

前　言

　　尤尼泰税务师事务所有限公司是经国家税务总局批准，由北京中税通、天津渤海、青岛振青、上海普东、广东源瑞、四川中税联合 6 家税务师事务所为实现强强联合于 2009 年发起设立的，注册资金 5,000 万元人民币，是一家在全国范围内跨区域开展业务的大型税务师事务所。

　　成立 6 年来，公司逐步发展壮大，目前已在全国 22 个省市自治区组建了成员公司，分支机构及服务网点超过 100 家。公司始终坚持"为纳税人服务，为国家税收服务"的宗旨，恪守"独立、客观、公正、求实和保密"原则，严格遵从执业标准和职业道德规范。致力于以统一的执业标准、统一的质量控制、统一的信息技术平台、统一的服务模式为客户提供更全面、更专业、更系统、更优质的涉税服务。

　　公司 2010 年荣获中国注册税务师协会颁发的全国首家 5A 级税务师事务所资质，此后连年获得 5A 级税务师事务所的认证，符合授牌标准的分支机构也逐年增加。2014 年，在全国符合 5A 级授牌标准的 35 家分支机构中尤尼泰占 9 家。公司拥有从业人员 1,363 人，其中执业注册税务师 482 人。2012 年实现经营收入 2.90 亿元，2013 年实现经营收入 3.17 亿元，2014 年实现经营收入 3.45 亿元。

　　尤尼泰业务范围涵盖税务咨询、顾问、鉴证、筹划、培训、中小企业上市辅导、大型企业重组改制、股权收购、资产置换等注税行业所有业务，拥有机械制造、金融保险、房地产、科技、医药、石油化工、进出口贸易、航空、服装、电力、商业等各行业客户。

　　尤尼泰的成立是我国注册税务师行业税务师事务所强强联合的硕果，是我国注册税务师行业发展的一次飞跃。它打破了地域性这个一直制约税务师事务所跨区域开展业务的瓶颈，实现了注册税务师为客户提供更大范围、更广领域的服务，有效地推动了注册税务师行业的快速发展。

尤尼泰建立了由 121 人组成的专家人才库和 38 人组成的讲师团队，并设有专家委员会，是一支既有理论知识、又有实践经验的专业队伍。

尤尼泰多年来在税收法律修订、购买政府服务、承接 12366 咨询、为自贸区和示范区提供税务服务等方面与各级国家机关建立了良好关系。尤尼泰总裁蓝逢辉先生是注税行业著名的全国政协委员，曾针对征管法修订、税务师考试等提出过多项议案。

尤尼泰以开放的心胸，广泛开展交流与合作。对内实现了跨地域的人员培训、项目合作、经验交流等方面的运行机制。对外已与 2 家大型会计师事务所和 3 家律师事务所建立战略联盟关系。为培养后续人才，尤尼泰在 15 所大专院校建立了实习基地。为提高信息化水平和实现规范化服务目标，2014 年以来，又与 3 家软件公司进行战略合作，开发信息化管理平台、代理记账软件系统、税云服务系统。为配合国家"一带一路"战略，为企业走出去做好涉税服务，最近几年又与美国、加拿大、韩国、巴西等海外同业机构建立了交流协作关系。

尤尼泰在发展过程中积累了丰富的执业经验，为更好地服务于注税行业的广大从业者，我们收集整理了尤尼泰各成员公司的部分案例编成此书。在编写选用案例时，侧重介绍案例服务过程和方法，同时兼顾税收法律法规的适用问题。由于现有法律法规对某些涉税业务处理尚未有具体规定，因此各地在法律适用实践方面可能存在不一致现象，希望读者在涉税服务实践中，按照最新法律法规并结合本地区实际情况执行。

由于我们对税收法律法规的理解可能存在偏差，具体业务的处理也可能受当时执法环境的制约，加之编写时间仓促，不妥与疏漏之处在所难免，恳请广大读者批评指正。

《尤尼泰案例集》编写组

2015 年 12 月

目

录 CONTENTS

第一章　各税种案例

案例1-1　甲寿险公司资管产品收益营业税处理案例

尤尼泰（北京）税务师事务所有限公司　杨英敏

一、案例分类

1．税种分类：营业税

2．行业分类：保险行业

3．经济业务分类：资管产品收益

4．案例发生时间：2014年7月

二、案例经济业务情况说明

甲人寿保险公司将寿险资金委托资产管理公司从事投资业务，资产管理公司从事股票、债券、债券投资计划等投资业务取得的股息和收益，甲公司在取得股息、红利收益时和转让时均未申报缴纳营业税，是否存在纳税风险？

三、案例的解决、方案及结果

1．股票持有期间取得的股息、红利应缴纳营业税。

2．债券持有期间收益应缴纳营业税。

3．债权投资计划收益应缴纳营业税。

甲公司未申报缴纳营业税，存在纳税风险。

四、依据的相关税收政策以及政策分析

1．股票持有期间股息、红利的营业税处理。甲公司在二级市场买卖股票，在

持有期间取得股息、红利收入，既未在取得股息、红利时申报缴纳营业税，也未在股票转让时并入转让价差申报缴纳营业税。根据《营业税暂行条例》、《实施细则》、《国家税务总局关于印发〈金融保险业营业税申报管理办法〉的通知》（国税发〔2002〕9号）第四章第十四条及《财政部、国家税务总局关于营业税若干政策问题的通知》（财税〔2003〕16号）的规定，企业买卖股票在持有期间取得的股息、红利收入属于营业税非应税项目，即企业在取得股息、红利收入时不缴纳营业税，但等到将股票卖出时，应将股息、红利收入并入转让价差一并申报缴纳营业税，即股票买卖计税营业额为买卖股票的价差收入，即营业额=卖出价-买入价。股票买入价是指购进原价，不得包括购进股票过程中支付的各种费用和税金，买入价依照财务会计制度规定，以股票的购入价减去股票持有期间取得的股票红利收入的余额确定。卖出价是指卖出原价，不得扣除卖出过程中支付的任何费用和税金。

2. 债券持有期间收益营业税处理。甲公司在债券市场开展债券投资业务，持有期间取得收益，既未在取得收益时申报缴纳营业税，也未在债券转让时并入转让价差申报缴纳营业税。根据《营业税暂行条例》、《实施细则》、《国家税务总局关于印发〈金融保险业营业税申报管理办法〉的通知》（国税发〔2002〕9号）第四章第十四条、《财政部、国家税务总局关于营业税若干政策问题的通知》（财税〔2003〕16号）以及《国家税务总局关于债券买卖业务营业税问题的公告》（国家税务总局公告2014年第50号）的规定，企业买卖债券在持有期间取得的收益属于营业税非应税项目，即企业在取得收益时不缴纳营业税，但等到将债券卖出时，应将收益并入转让价差一并申报缴纳营业税。即甲公司从事债券买卖业务的计税营业额为债券买卖价差收入，即以债券的卖出价减去买入价后的余额为营业额，买入价应以债券的购入价减去债券持有期间取得的收益后的余额确定。另外要说明的是，甲公司如果按照债券投资协议约定的利率和期限，从债券的发行方取得的固定利息收入，应视同贷款利息收入缴纳营业税。

3. 债权投资计划收益的营业税处理。甲公司开展债券投资计划业务，按照投资计划协议约定的利率和期限，从投资计划发起方取得的固定收益，未申报缴纳营业税。根据《营业税暂行条例》、《实施细则》及《国家税务总局关于印发〈金融保险业营业税申报管理办法〉的通知》（国税发〔2002〕9号）第五条规定，保险企业将资金有偿贷予他人使用并收取固定利息的行为，应按规定征收营业税。因此甲公司债券投资计划按约定，在投资期间取得固定收益，应视同贷款利息收入缴纳营业税。关于债权投资计划收益征收营业税问题，国家税务总局大企业司曾印发《关于2009年度税收自查有关政策问题的函》（企便函〔2009〕33号）规定，保险企业的债权投资计划取得的收益（利息收入）视同保险企业将资金有偿贷予他人使用并收取固定利息的行为，应按规定征收营业税。2011年10月13日大企业司印发《关于停止执行企便函〔2009〕33号文件的通知》（企便函〔2011〕24号），决定停止执行企便函〔2009〕33号文件。因此，关于债权投资计划收益征收营业税，就缺乏了直接的税法依据，但从营业税征税原则看，企业进行债券投资计划取得固定收益应当缴纳营业税。目前在税总出台统一政策之前，各地税务机关也存在执法口径不一致的情况。

案例 1 - 2 "底薪 + 提成"个人所得税案例

尤尼泰（北京）税务师事务所有限公司 李琳

一、案例分类

1. 税种分类：个人所得税

2. 行业分类：现代服务业

3. 经济业务分类："底薪+提成"个人所得税

4. 案例发生时间：2014 年 11 月

二、案例经济业务情况说明

A 公司是一家从事现代服务业的企业，主要客户对象为个人消费者。为了贯彻激励机制，同时降低税负成本，公司进行税收筹划，施行了员工收入"保底+提成"的薪资方式。即员工每月从公司领取较低的保底工资，在与客户签订协议后，将协议金额的 50% 上缴公司，剩下 50% 则归员工个人所有。而 A 公司仅就其取得的 50% 确认公司收入并申报缴纳各项税收，对于员工的收入，则只按底薪申报缴纳个人所得税。

针对 A 公司的做法，税务师建议 A 公司按税法规定将归员工的 50%收入补缴企业所得税，并代扣代缴员工的个人所得税税款，以避免税务稽查时被处罚。

三、案例的解决、方案及结果

A 公司认为将协议金额的 50% 直接付给员工，不列入公司收入确实不符合规定，是少计收入；但对事务所提出付给员工的 50% 金额需代扣代缴个人所得税表示异议。他们认为，既然公司已经同意将这 50% 的金额计入公司收入，计缴增值税，说明该收入是公司收入，既然是公司收入，为何还要按个人收入缴纳个税？

税务师解释，企业员工从企业得到"50%"提成实质上是企业给予员工的绩效工资，应视为员工的薪酬，需要缴纳个人所得税。

A公司听从税务师建议，补扣补缴员工个人所得税10余万元，并将因少计收入造成少缴的企业所得税及滞纳金30万元缴纳入库。

四、依据的相关税收政策以及政策分析

根据《中华人民共和国个人所得税法》第二条及《中华人民共和国个人所得税法实施条例》第八条规定，工资、薪金所得应纳个人所得税，其范围是指个人因任职或者受雇而取得的工资、薪金、奖金、年终加薪、劳动分红、津贴、补贴以及与任职或者受雇有关的其他所得。

《税收征收管理法》第六十三条规定，纳税人伪造、变造、隐匿、擅自销毁账簿、记账凭证，或者在账簿上多列支出或者不列、少列收入，或者经税务机关通知申报而拒不申报或者进行虚假的纳税申报，不缴或者少缴应纳税款的，是偷税。对纳税人偷税的，由税务机关追缴其不缴或者少缴的税款、滞纳金，并处不缴或者少缴的税款百分之五十以上五倍以下的罚款；构成犯罪的，依法追究刑事责任。

扣缴义务人采取前款所列手段，不缴或者少缴已扣、已收税款，由税务机关追缴其不缴或者少缴的税款、滞纳金，并处不缴或者少缴的税款百分之五十以上五倍以下的罚款；构成犯罪的，依法追究刑事责任。

第六十九条规定，扣缴义务人应扣未扣、应收而不收税款的，由税务机关向纳税人追缴税款，对扣缴义务人处应扣未扣、应收未收税款百分之五十以上三倍以下的罚款。

企业通过筹划刻意逃税可能被认定为偷税，由税务机关追缴其不缴或者少缴的税款、滞纳金，并处不缴或者少缴的税款百分之五十以上五倍以下的罚款；构成犯罪的，依法追究刑事责任。员工从企业得到的提成属于绩效工资，应当缴纳个人所得税，而企业未履行代扣代缴业务则有可能被税务机关处以百分之五十以上三倍以下的罚款。

案例1-3 一次性收取租金的企业所得税处理案例

尤尼泰（北京）税务师事务所有限公司 刘迎君

一、案例分类

1. 税种分类：企业所得税

2. 行业分类：银行业

3. 经济业务分类：计税依据的确定

4. 案例发生时间：2013年12月

二、案例经济业务情况说明

A银行于2013年7月与承租方签订租赁协议，约定租期为一年，签订协议后由承租方一次性支付租金24万元。由于这笔收入跨越了2013年和2014年两个年度，那么2013年年度汇算时应该如何确认该收入？

三、案例的解决、方案及结果

交易合同或协议中规定租赁期限跨年度，且租金提前一次性支付的，根据《实施条例》第九条规定的收入与费用配比原则，出租人可对已确认的收入，在租赁期内，分期均匀计入相关年度收入。

四、依据的相关税收政策以及政策分析

1.《企业所得税法实施条例》第九条规定，企业应纳税所得额的计算，以权责发生制为原则，属于当期的收入和费用，不论款项是否收付，均作为当期的收入和费用；不属于当期的收入和费用，即使款项已经在当期收付，均不作为当期的收入和费用。本条例和国务院财政、税务主管部门另有规定的除外。

2.《国家税务总局关于贯彻落实企业所得税法若干税收问题的通知》（国税函

〔2010〕79号）第一条规定，根据《实施条例》第十九条的规定，企业提供固定资产、包装物或者其他有形资产的使用权取得的租金收入，应按交易合同或协议规定的承租人应付租金的日期确认收入的实现。

本案例企业可一次性将租金计入应纳税所得额，也可分期均匀计入相关年度收入。

但根据《中华人民共和国营业税暂行条例实施细则》第二十五条：纳税人提供建筑业或者租赁业劳务，采取预收款方式的，其纳税义务发生时间为收到预收款的当天。因此营业税需要在收到租金的当期一次性申报纳税。

案例1-4 T市甲公司资产重组申请契税减免案例

尤尼泰（天津）税务师事务所有限公司   陈燕

一、案例分类

1. 税种分类：契税

2. 行业分类：物流业

3. 经济业务分类：减免税审批

4. 案例发生时间：2014年12月

二、案例经济业务情况说明

甲公司为某国有控股集团公司全资子公司，从事物流业务，业绩良好，拟进入资本市场，剥离不良资产时测算的资产转让税负偏重，税务师建议以分立或作价出资方式完成。因分立方式用时较长，甲公司最终采纳作价出资方案。税务师对申请契税减免过程中的政策适用问题进行了分析论证。

三、案例的解决、方案及结果

1. 对税务文件的正确理解；

2. 多次与T市地税局沟通；

3. 免征契税符合文件要求，获得减免批准。

四、依据的相关税收政策以及政策分析

《财政部、国家税务总局关于企业事业单位改制重组契税政策的通知》（财税〔2012〕4号）*文件第一条第三款规定，国有控股公司以部分资产投资组建新公司，且该国有控股公司占新公司股份超过85%的，对新公司承受该国有控股公司土地、房屋权属，免征契税。上述所称国有控股公司，是指国家出资额占有限

责任公司资本总额超过 50%，或国有股份占股份有限公司股本总额超过 50% 的公司。

本案例能否适用"国有控股公司以部分资产投资组建新公司，且该国有控股公司占新公司股份超过 85% 的，对新公司承受该国有控股公司土地、房屋权属，免征契税"的政策，税务师从三方面进行了解析：

一是政策适用于国有控股公司以部分资产投资组建新公司的行为，对投资的资产类别并无限制。本案例是国有控股公司以部分土地资产和其他资产投资组建新公司，且组建新公司的资产均属于该国有控股公司的资产。

二是政策规定原公司要继续控制新公司，也就是占新公司股份超过 85%。本案例达到 100%，符合控制要求。

三是政策规定原公司要属于国有控股公司。即国家出资额占有限责任公司资本总额超过 50%。本案例国家资本占 100%。

经过多次论证解析，税务机关认可了税务师的解释，最终拿到免税批复，为企业重组节税 1,060 万元。

（*该文件已被财税〔2015〕37 号取代，对"企业改制"规定更具体，需重新考量。）

案例 1 – 5 XXX 发电有限责任公司享受税收优惠政策案例

尤尼泰河北税务师事务所有限公司 崔宏彦

一、企业基本情况说明

XXX 发电有限责任公司属于火力发电企业，成立于 1993 年，位于京津冀区域之内，仅邻省会 30 公里，距省会饮水水源地两个水库一个 1 公里、一个 20 公里。主要经营范围是发电、煤粉灰综合利用、热力生产和趸售。由于建厂时间长，发电机组设备陈旧、老化，污染物排放严重超标。

根据环保部与国家质监总局 2011 年 7 月 29 日联合发布新的《火电厂大气污染物排放标准》（GB13223—2011），自 2012 年 1 月 1 日起所有火电厂污染物排放都按新的标准执行。因此，该厂老旧发电机组设备必须更新改造，使企业污染物排放达到新的《火电厂大气污染物排放标准》限值要求，否则，企业难以继续生存下去。

加之该企业紧邻省会，既是燃煤大户，又属京津冀空气污染物的重点治理区域。只有通过对老旧发电机组进行更新改造，使企业污染物排放达到新的限值标准，才能够有效改善省会周边地区的大气质量，减少省会市民饮水水源地的污染，有效改善省会居民生活环境。因此，对老旧发电机组进行更新改造，已是企业刻不容缓的中心工作。

2012 年初，企业向省、市发改委提出对老旧发电机组进行更新改造的立项很快得到批准，企业随后进行更新改造项目工程的实施。经过一年多的努力，企业完成了 6 台发电机组中的 5 号机组的增容节能、除尘环保设备的脱硝改造，烟尘排放浓度稳定低于 $20mg/Nm^3$，除尘效率达 99.9％。2013 年 12 月至 2014 年 2 月，该工程改造项目通过了省环境监测中心站的环评验收，通过了省环保厅对该燃煤机组烟气脱硝设施竣工运行核准，获得了省物价局对该机组执行脱硝电价的批复，最后通过了省电力公司复核并允许按改造后的脱硝电价并网核算。

二、申请享受税收优惠中遇到的问题

企业 5 号发电机组脱销改造工程项目检查验收并允许并网核算后，2014 年 4 月，企业委托我公司为其办理购买并使用节能环保设备抵免企业所得税的申请。我公司按照财税〔2008〕48 号文件的相关规定，对企业除尘、脱硝改造项目的立项、验收，以及购买使用环保专用设备的所有相关资料，包括采购环保专用设备的合同、付款凭据、取得的发票、省环境监测中心站环评验收报告、省环保厅关于燃煤机组烟气脱硝设施竣工运行核准书、省物价局对该机组执行脱硝电价的批复、省电力公司复核按脱硝改造后电价并网核算的批复等，分项进行归纳、整理，对其购买专用设备金额以及享受的抵免税额进行核算。随后按应享受的抵免税额度，向具有核准权的税务机关呈报了《关于购买使用环保设备抵免企业所得税的申请》。

具有核准权的税务机关业务主管部门，经审核企业的申请及所有相关资料后给予的答复是："根据（财税〔2008〕48 号）文件规定，企业 5 号发电机组进行除尘脱硝改造项目所采购使用的专用设备，与《关于公布环境保护专用设备企业所得税优惠目录(2008 年版)》（财税〔2008〕115 号）文件中所列目录名称不符，不得享受税收优惠政策"。需要说明的是，这里所说"名称不符"是指：（财税〔2008〕115 号）文件中所列目录名称是"脱硫"，而企业所采购使用的专用设备名称是"脱硝"。

三、与税务机关沟通的过程

根据税务机关的答复，表面看讲的是设备名称的不同，实际上反映的是认识理念的不同。于是，我们本着实事求是和实质重于形式的原则，向税务机关提出了以下观点：

1. 应与时俱进看待两个执行标准。《财政部、国家税务总局、国家发改委关于公布环境保护专用设备企业所得税优惠目录（2008年版）》（财税〔2008〕115号），其制定政策的依据是《火电厂大气污染物排放标准》（GB13223—2003）中的相关规定，距今已有11年时间，与环保部和国家质监总局2011年7月29日联合发布新的《火电厂大气污染物排放标准》（GB13223—2011），也已8年之久。而一个新的税收优惠目录从制定、修定、批准到公布将是一个漫长的过程。仅税收优惠目录（2008年版）从《火电厂大气污染物排放标准》（GB13223—2003）公布到税收优惠目录的公布，就用了5年时间。但新技术、新产品的应用日新月异，往往几年时间就有一个质的飞跃，既然新的《火电厂大气污染物排放标准》公布实施了，企业的除尘设备更新改造就不能再用老标准。否则，从立项开始就将被淘汰，相关部门也不会审核批准。因此，企业按新的《火电厂大气污染物排放标准》购买和使用新的环保专用设备，只要属于税收优惠目录中同类且技术性能与参数更先进，同样应享受国家鼓励的税收优惠。

2. 企业执行新的污染物排放标准，不仅利企、利国、更利民。国家新的《火电厂大气污染物排放标准》颁布实施，不仅具有强制执行的效力，而且对重点地区还规定了特别排放限值。该企业属于京津冀区域之内，仅邻省会30公里，距省会饮水水源地两个水库一个1公里、一个20公里。企业污染物排放达到新的限值标准，就能够有效改善省会周边地区的大气质量，减少省会市民饮水水源地的污染，有效改善省会居民生活环境，提高居民生活质量。据此，为加强对燃煤电厂氮氧化物的治理，对老旧发电机组进行脱硝改造已成为必然。（2008年版）税收优惠目录仅对大气污染治理除尘项目中脱硫设备做出规定，具有一定的历史局限性和政策滞后性。根据新的《火电厂大气污染物排放标准》，企业在实施环保除尘更新改造项目中购买和安装机组设备，达到脱硫标准已成常态，脱硝才是新标准，如前几年环境监测指标都是 PM 10，现在都 PM 2.5 了。因此，不能说购买达到治理 PM10 的设备能够享受税收优惠，购买治理 PM 2.5 的设备因为名称不一样就不能享受税收优惠。企业在对老旧发电机组设备除尘脱硝项目改造中，能够提供相关权威部门出据的检验、验收、评估报告或证明材料，证明企业购买并使用的专用设备属于（2008 年版）税收优惠目录中同类设备且较目录中所列设备先进，说明企业购买和使用的设备更符合税收立法精神，应该享受专用设备投资抵免企业所得税优惠政策。

经过沟通，税务机关工作人员对我们提出的观点表示赞同、理解，也认为（财税〔2008〕48 号）文件规定滞后于国家出台的新《火电厂大气污染物排放标准》，属于政策性滞后问题。但税务机关 2013 年曾发文专门明确，要求企业享受（财税〔2008〕48 号）文件中的优惠政策，其购买和使用的专用设备名称必须与（财税〔2008〕115 号）文件目录中所列的名称一致。

对此，我们又反复将（财税〔2008〕48 号）、（财税〔2008〕115 号）、环保部与国家质监总局联合发布新的《火电厂大气污染物排放标准》（GB13223—2011），以及各相关税务机关印发的同类政策规定等进行详细的分析、比较与研究，再次向税务机关提出以下观点：

1. 审核是否享受税收优惠政策只强调设备名称是否一致，有违税法的立法本意。按照财税〔2008〕48 号和财税〔2008〕115 号文件的本意，是为了鼓励企业购置和实际使用环境保护、节能节水、安全生产专用设备。既然是专用设备，必定有专用名称，财税〔2008〕115 号文件在环境保护专用设备目录中主要针对的是脱硫技术改造，其专用设备名称为"湿法脱硫专用喷嘴、湿法脱硫专用除雾器等"，而对应名称的应用领域为"燃煤发电机组脱硫"。自环保部与国家质监总局 2011 年发布新的《火电厂大气污染物排放标准》（GB13223—2011）后，对燃煤锅炉除尘要求进行脱硝改造，执行的是新的、更加严格的标准，购买和使用的专用设备必然是"XX 脱硝专用设备"，对应名称的应用领域为"燃煤发电机组脱硝"。也就是说，原来治理 PM 10 所用专用设备"脱硫"可以享受税收优惠，经过多年科技发展，环保治理已上新台阶，全国都在为青山绿水做贡献，可现在治理 PM 2.5 所用专用设备"脱硝"虽然标准更高，除尘治理效果更好，性能参数更先进，仅仅是设备名称不一样，就不能享受税收优惠。这种规定与解释不是在鼓励企业购买和使用先进环保设备，而是在限制企业使用先进环保设备，其规定有违税收优惠政策的立法本意。

2.强调设备名称的一致性，与国家新的《火电厂大气污染物排放标准》相抵触。环保部、国家质监总局 2011 年联合发布的《火电厂大气污染物排放标准》（GB13223—2011），该标准明确:自本标准实施之日起,火电厂大气污染物排放控制按本标准的规定执行,不再执行国家污染物排放标准《火电厂大气污染物排放标准》（CB13223—2003）中的相关规定。环保部公告 2011 年第 57 号——《关于发布〈火电厂大气污染物排放标准等两项国家污染物排放标准〉的公告》中明确:《火电厂大气污染物排放标准》（GB13223—2011）具有强制执行效力,该标准自 2012 年 1 月 1 日起实施。自该标准实施之日起,不再执行国家《火电厂大气污染物排放标准》（GB13223—2003）。

因此，新的《火电厂大气污染物排放标准》实施后，火电厂大气污染物脱硫排放标准已经常态化，脱硝排放才是新标准。企业如仍按"财税〔2008〕115 号"文件规定的目录购买"脱硫专用设备"对原发电机组进行脱硫改造，污染物的排放肯定达不到新标准的要求。再则，如果企业无视新的《火电厂大气污染物排放标准》仍购买"财税〔2008〕115 号"文件目录中"脱硫专用设备"进行除尘改造，其立项将得不到相关部门的审核批准，技改完成后相关部门更不会用老的标准进行评审验收。所以，企业按新标准购买"脱硝专用设备"进行除尘改造，完全符合（财税〔2008〕115 号）文件的立法本意。

而税务机关在新的《火电厂大气污染物排放标准》公布两年后的 2013 年 7 月下发了《企业所得税若干政策问题解答》，解答中明确：纳税人购进并实际使用安全生产、节能节水、环境保护设备，设备名称与 2008 版《环境保护专用设备企业所得税优惠目录》……范围内的名称一样，可享受专用设备投资抵免企业所得税政策。对照这一政策解答，企业按新的《火电厂大气污染物排放标准》购买的是"脱硝专用设备"，而不是"脱硫专用设备"，由于是"脱硝"而不是"脱硫"，虽然性能参数更高，设备更先进，但设备名称不一样，就不能享受环保专用设备投资抵免企业所得税优惠政策，这是对企业合法权益的一种剥夺与损害。

再则，环保部关于新的《火电厂大气污染物排放标准》公告中强调该标准具有强制执行的效力，自新标准实施之日起，不再执行原《火电厂大气污染物排放标准》（GB13223—2003），既然是国家标准，任何单位和个人都应该遵守和执行。税务机关在国家新标准公布 2 年后下发的《企业所得税若干政策问题解答》，不是在执行国家新的标准，而是在迫使企业：要享受（财税〔2008〕115 号）文规定的专用设备投资抵免企业所得税政策，只能按被国家明令废止的旧标准购买老设备。这不仅与国家新的《火电厂大气污染物排放标准》（GB13223—2011）相抵触，而且也与举国上下都在抓环境治理，降低大气污染物排放的行动不相吻合。

3. 审核享受税收优惠政策的内容与条件，不能仅仅取决于设备名称是否一致。根据财税〔2008〕48 号文件第一条的规定，企业享受税收优惠而购买并实际使用列入目录范围内的环境保护、节能节水和安全生产专用设备，该设备由应用类别、设备名称、性能参数、应用领域 4 部分组成。而税务机关仅仅以企业购买设备与财税〔2008〕115 号文目录中的"设备名称不一致"不让企业享受其优惠政策，对目录中所列设备类别、性能参数、应用领域 3 部分不予考虑，这种审核方法有点机械教条、以偏概全。再则，企业该除尘脱硝项目的更新改造，其项目竣工经过相关权威部门的检查验收，而且是环环相扣，税务机关应尊重这些权威部门的审核认定。

4.应保持同类税务机关执行税收政策的一致性。该省另一税务机关也下发了一个《关于企业所得税若干业务问题的通知》，其中规定："企业购置专用设备的认定，为便于操作可暂按以下程序执行：对征纳双方无异议的专用设备，主管税务机关可以直接予以认定；征纳双方不一致的，可由相关部门按其职责予以认定。具体为：环境保护设备由市级环保部门进行认定，节能节水设备由市级发改委进行认定，安全生产设备由市级安监局认定，税务机关凭部门认定文件或证明，落实抵免税政策。"同样是税务机关，一个就本着实事求是和实质重于形式的原则，尊重相关权威部门的审核意见，一个税务机关只强调设备的名称是否一样，对相关权威部门的认定、评审均不予考虑。对企业购买设备的应用类别、性能参数、应用领域等相关内容也不予考虑。同一地域、同一事项，同一政策，不同税务机关不一样解释，使人费解、难以接受。

通过再次沟通，税务机关的工作人员再次回答，对你们所提观点很赞同，对企业进行除尘脱硝设备更新改造很支持，对企业不能享受专用设备抵免企业所得税很同情，对不能帮助企业解决问题很无奈，由于现行政策规定的限制，该问题属于合情合理不合法。

四、问题的最终解决

正当我们与企业苦苦思索到底如何解决此问题时，国家税务总局于 2015 年 8

月 18 日发布了《关于公布已取消的 22 项税务非行政许可审批事项的公告》（国家税务总局公告 2015 年第 58 号），将企业购置用于环境保护、节能节水、安全生产的专用设备的投资享受所得税优惠的备案核准列入已取消 22 项中的第 15 项，同时明确其原设定依据为财税〔2008〕48 号和国税函〔2009〕255 号。

国家税务总局在 2015 年第 58 号公告中明确，各级税务机关应当全面落实取消 22 项税务非行政许可审批事项有关规定，不得以任何形式保留或者变相审批。对此，企业原享受环保专用设备抵免企业所得税由事先备案改为了事后报送相关资料，化解了税务机关原制定下发《企业所得税若干政策问题解答》中明确的"纳税人购进并实际使用安全生产、节能节水、环境保护设备，设备名称与 2008 版《环境保护专用设备企业所得税优惠目录》……范围内的名称一样，可享受专用设备投资抵免企业所得税政策"的制度障碍。

我们再次与税务机关沟通，询问税务机关在国家税务总局 2015 年第 58 号公告公布后还有哪些补充规定，税务机关主管部门予以明确答复：按国家税务总局 2015 年第 58 号公告精神办。这样，企业就可以在 2015 年年度汇算清缴申报时，将享受专用设备投资抵免企业所得税申请一并报送。随着企业 5 号发电机组除尘脱硝更新改造项目专用设备享受税收优惠问题的解决，后面 5 台发电机组享受税收优惠的问题将迎刃而解。

案例1–6　旅游费税前扣除案例

尤尼泰（江苏）税务师事务所有限公司　邓国华

一、案例分类

1．税种分类：企业所得税、个人所得税

2．行业分类：工业

3．经济业务分类：旅游费扣除

4．案例发生时间：2014年10～12月

二、案例经济业务情况说明

企业工会经费列支旅游费，福利费中列支旅游费如何实现企业所得税税前扣除？

1．对于旅游费税前扣除及扣除标准，《企业所得税法》并没有给出固定定义和量的范围。企业往往无法把控，是作为职工福利费还是作为职工薪酬处理，存在所得税税前扣除问题，同时还有个人所得税问题及支出的真实性问题。

2．取得旅游公司发票可否在工会经费科目中列支。

3．公司列支的旅游费中，有部分为开展业务需要邀请业务单位人员发生的旅游费用，对此也存在着一定的涉税风险。

某企业2014年10月取得旅游公司发票20000.00元。2014年12月取得部分旅游景点门票发票800.00元等。

三、案例的解决、方案及结果

对于企业从旅游公司取得的发票应按下列情况分别处理：

1．对组织全体雇员旅游而支付的费用，可以作为职工福利费处理。

2.在商品营销活动中，企业和单位对营销业绩突出人员以培训班、研讨会、工作考察等名义组织旅游活动支付的费用，可以作为销售费用处理。

3.对企业工会组织组织旅游而支付的费用，可以按照工会经费的管理规定在企业工会账户处理。

4.属于为开展业务需要邀请业务单位人员发生的旅游费用计入到"业务招待费"科目。

5.以职工旅游的名义，列支职工家属或者其他非本单位雇员所发生的旅游费，则属于与生产经营无关的支出，不得纳入职工福利费管理，也不得税前扣除。

对于从旅游景点取得门票应按下列情况分别处理：

1.因单位生产经营需要用于招待企业客户的，应并入业务招待费统一核算。

2.全体雇员组织旅游而支付的费用可以作为职工福利费处理，交通费用可作为差旅费处理。

3.个人或家庭旅游门票不得税前扣除。

四、依据的相关税收政策以及政策分析

1.组织全体职工旅游支出是否可在职工福利费中列支的问题。根据《国家税务总局关于企业工资薪金及职工福利费扣除问题的通知》（国税函〔2009〕3号）的内容，职工福利费中未明确规定旅游费属于职工福利费。但是依据《中华人民共和国企业所得税法实施条例》第二十七条的规定，企业所得税法第八条所称有关的支出，是指与取得收入直接相关的支出。另依据国税函〔2009〕3号文件规定的"为职工卫生保健、生活、住房、交通等所发放的各项补贴和非货币性福利，可以计入福利费"的文件精神，旅游具有舒缓身心、增强心智提高劳动生产率的作用，属于同其企业生产经营相关的支出，可以计入职工福利费。（如金华地税、青岛地税、浙江地税、常州地税等明确计入职工福利费）。

但是，旅游费可否在福利费中列支、是否可在企业税前扣除各地解释不一，为避免不必要的涉税风险，企业要根据旅游费用的真实用途、参与对象、发生金额和列支范围，依据相应的税收政策法规进行处理，不能一概而论，简单认定，更不能搞人为变通。对于不符合税收规定的旅游费用，应及时进行调整。

2. 《财政部、国家税务总局关于企业以免费旅游方式提供对营销人员个人奖励有关个人所得税政策的通知》（财税〔2004〕11号）规定，对商品营销活动中，企业和单位对营销业绩突出人员以培训班、研讨会、工作考察等名义组织旅游活动，通过免收差旅费、旅游费对个人实行的营销业绩奖励（包括实物、有价证券等），应根据所发生费用全额计入营销人员应税所得，依法征收个人所得税，并由提供上述费用的企业和单位代扣代缴。其中，对企业雇员享受的此类奖励，应与当期的工资薪金合并，按照"工资、薪金所得"项目征收个人所得税；对其他人员享受的此类奖励，应作为当期的劳务收入，按照"劳务报酬所得"项目征收个人所得税。

3. 若由工会组织的员工旅游应按工会经费列支的要求在工会经费中列支。工会经费列支按《国家税务总局关于工会经费企业所得税税前扣除凭据问题的公告》（国家税务总局2010年第24号公告）取得工会组织开具的《工会经费收入专用收据》，及《关于税务机关代收工会经费企业所得税税前扣除凭据问题的公告》（国家税务总局公告2011年第30号）规定取得税务机关由于受委托代收工会经费而开具的代收凭据在企业所得税前扣除。

4. 开展业务需要邀请业务单位人员发生的旅游费用计入"业务招待费"科目中。《中华人民共和国企业所得税法实施条例》第四十三条规定，企业发生的与生产经营活动有关的业务招待费支出，按照发生额的60%扣除，但最高不得超过当年销售（营业）收入的5‰。

案例 1-7　股息分红减免税业务案例

尤尼泰（北京）税务师事务所有限公司　　赵杰　高青

一、基本情况

A 公司为大型创投企业，2005 年成立，注册资金 20 亿元人民币，主要经营范围为实业投资、资产管理、股权投资、管理咨询和投融资服务等。A 公司 2015 年 3 月委托某税务师事务所，对其 2014 年与股权投资相关的企业所得税纳税情况进行审查。经审查发现，A 公司 2014 年实现会计利润 3,000 万元，已预缴企业所得税 220 万元（A 公司其他创投企业税收优惠条件均符合）。

不考虑其他涉税事项，税务师仅对股权投资相关投资收益检查发现，会计确认投资收益 2,120 万元，详情如下：

1. 投资收益——B 公司 800 万元：A 公司 2009 年 1 月以人民币 3000 万元投资 B 公司，占 B 公司注册资本的 80%。2014 年 3 月 20 日 B 公司股东会宣告分配股利 1,000 万元，根据分红决议 A 公司 2014 年 4 月 3 日收到 B 公司分红 800 万元。B 公司自 2013 年 1 月 1 日起被认定为高新技术企业，现有员工 50 人，资产总额 8,000 万元、2014 年收入总额 3,000 万元。

2. 投资收益——C 公司 100 万元：A 公司 2013 年 11 月以人民币 440 万元购买 C 上市股票 200 万股，2014 年 5 月 C 上市公司宣告分红方案，每股分红 0.2 元。A 公司 2014 年 7 月以每股 2.5 元的价格，转让所持有 C 上市公司全部股票，取得现金 500 万元。

3. 投资收益——E 公司 300 万元：A 公司 2010 年 5 月以人民币 500 万元购得 E 公司 30% 的股权，采用权益法核算。E 公司 2014 年亏损 1,000 万元，A 公司

2014 年末账面确认投资损失 300 万元。

4.投资收益——F 公司 300 万元：2009 年 1 月 A 公司用 2,000 万元购得 F 公司 20%股权，2014 年 5 月以 2,300 万元转让上述股权，其中，300 万元为 A 公司应享有的 F 公司累计未分配利润。

5.投资收益——G 公司 720 万元:A 公司 2010 年 12 月与某公司合伙成立 G 有限合伙企业，A 公司为有限合伙人，出资 5,000 万元，占合伙企业股份的 90%，不参与合伙企业事务，合伙协议约定合伙人按各自持股比例享有收益。2014 年 G 有限合伙企业经审计的税前利润总额为 1,000 万元。2014 年 5 月 G 有限合伙企业宣告分配 2013 年股息分红 800 万元，A 公司实际收回投资收益 720 万元。

6.投资收益——H 公司 500 万元：A 公司 2011 年 6 月以人民币 1,800 万元购得 H 公司 25% 的股权,采用权益法核算。H 公司 2014 年实现净利润 2,000 万元，A 公司 2014 年末账面确认投资收益 500 万元。

二、问题描述

A 公司上述股息红利收益的免税政策适用存在错误，企业所得税预缴计算存在错误。

1.企业预缴所得税计算过程

（3,000 万-2,120 万）×25%=220 万

2.审核调整过程

（1）纳税调增：300 万+（1,000 万×90%）=1,200 万

（2）纳税调减：3,000 万×70%+800 万+（800 万×90%）+500 万=4,120 万元

（3）实际应纳税额：（3,000 万+1,200 万-4,120 万）×25%=20 万元

3.应退企业所得税：220 万-20 万=200 万

三、鉴证方法

税务师事务所查阅了所涉及股权各项投资的资料证据，包括出资协议、被投

资企业公司章程、股东会分红决议、被投资企业经审计的年度审计报告、A 公司的财务账簿、会计记账凭证、企业所得税季度申报表等资料。对相关资料进行了合理性比对，以及验证复核了数据信息。发现 A 公司在预缴企业所得税时对股息红利的企业所得税免税政策适用存在错误。

四、财务及税收政策依据

税务师事务所根据相关税法规定，向企业人员说明了需要进行企业所得税纳税调整的政策依据及调整方法，详情如下：

1. B 公司投资：A 公司对 B 公司的投资，因 B 企业为中小高新技术企业且符合国税发〔2009〕87 号文件中"职工人数不超过 500 人，年销售（营业）额不超过 2 亿元，资产总额不超过 2 亿元"的条件。能享受在股权持有满 2 年的当年，按照其对中小高新技术企业投资额的 70% 抵扣该创业投资企业的应纳税所得额的税收优惠政策。

［政策依据］

《国家税务总局关于实施创业投资企业所得税优惠问题的通知》（国税发〔2009〕87 号）规定，创业投资企业采取股权投资方式投资于未上市的中小高新技术企业 2 年（24 个月）以上，凡符合以下条件的，可以按照其对中小高新技术企业投资额的 70%，在股权持有满 2 年的当年抵扣该创业投资企业的应纳税所得额；当年不足抵扣的，可以在以后纳税年度结转抵扣。

2. C 公司投资：A 公司取得 C 上市公司的分红 40 万元，因持有股权不满 12 个月不能享受免税政策。股权转让收入 60 万元也不属于免征企业所得税的收入范围。

［政策依据］

《企业所得税法实施条例》第八十三条规定，企业所得税法第二十六条第（二）项所称符合条件的居民企业之间的股息、红利等权益性投资收益，是指居民企业直接投资于其他居民企业取得的投资收益。企业所得税法第二十六条第（二）项和第（三）项所称股息、红利等权益性投资收益，不包括连续持有居民企业公开发行并上市流通的股票不足 12 个月取得的投资收益。

3.E 公司投资：按权益法核算的投资损失 300 万元在企业所得税前不得扣除。

[政策依据]

《国家税务总局关于企业所得税若干问题的公告》（国家税务总局公告 2011年第 34 号）第五条规定，被投资企业发生的经营亏损，由被投资企业按规定结转弥补，投资企业不得调整减低其投资成本，也不得将其确认为投资损失。

4.F 公司投资：股权转让收入应按转让价款减去股权购入成本确认投资收益 300 万元。其中，应享有被投资企业未分配利润不能作为股息红利免征企业所得税。

[政策依据]

《国家税务总局关于贯彻落实企业所得税法若干税收问题的通知》（国税函〔2010〕79 号）第三条规定，关于股权转让所得确认和计算问题：企业转让股权收入，应于转让协议生效、且完成股权变更手续时，确认收入的实现。转让股权收入扣除为取得该股权所发生的成本后，为股权转让所得。企业在计算股权转让所得时，不得扣除被投资企业未分配利润等股东留存收益中按该项股权所可能分配的金额。

5.G 公司投资：G 公司是有限合伙企业，因此不具有法人地位，不是独立的纳税单位，故在税法层面上无需缴纳企业所得税。合伙企业的所得或损失，全部传递到合伙人层面。A 公司应对 G 公司 2014 年的应纳税所得额按应分配的比例 900万元缴纳企业所得税。实际分回的 2013 年利润不用再缴纳企业所得税。

[政策依据]

《财政部国家税务总局关于合伙企业合伙人所得税政策的通知》（财税〔2008〕

159 号）第二条规定，合伙企业以每一个合伙人为纳税义务人。合伙企业合伙人是自然人的，缴纳个人所得税；合伙人是法人和其他组织的，缴纳企业所得税。

6. H 公司投资：按权益法核算的投资收益因未发生纳税义务，不需要在核算当期缴纳企业所得税。

［政策依据］

《国家税务总局关于贯彻落实企业所得税法若干税收问题的通知》（国税函〔2010〕79 号）第四条规定，关于股息、红利等权益性投资收益收入确认问题：企业权益性投资取得股息、红利等收入，应以被投资企业股东会或股东大会作出利润分配或转股决定的日期，确定收入的实现。

7. A 公司取得权益性投资收益，如需享受免征企业所得税优惠，应根据《国家税务总局关于企业所得税税收优惠管理问题的补充通知》（国税函〔2009〕255 号）规定，在年度纳税申报时附报相关资料进行备案。

［政策依据］

《国家税务总局关于企业所得税税收优惠管理问题的补充通知》（国税函〔2009〕255 号）规定：列入事先备案的税收优惠，纳税人应向税务机关报送相关资料，提请备案，经税务机关登记备案后执行。对需要事先向税务机关备案而未按规定备案的，纳税人不得享受税收优惠；经税务机关审核不符合税收优惠条件的，税务机关应书面通知纳税人不得享受税收优惠。

五、疑难问题的解决及涉税争议的处理

经过与企业的沟通，及向企业财务人员解读相关税法政策，就税法政策的适用及应纳税所得额的调整最终与 A 公司达成一致意见。协助 A 公司就上述适用免税条件的居民企业股息分红，在年度企业所得税汇算清缴申报时，递交了相关免税备案资料。

案例 1-8　关联方利息支出税前扣除案例

尤尼泰（江苏）税务师事务所有限公司　贺艳

一、案例分类

1. 税种分类：企业所得税

2. 行业分类：工业企业

3. 经济业务分类：关联方利息支出税前扣除

4. 案例发生时间：2014 年 6 月

二、案例经济业务情况说明

某公司甲（非金融企业）由于需大量采购原材料向其母公司乙按 15% 年利率借款 1,000 万元，借款期限 1 年，其利息在企业所得税税前能否列支？

甲公司是母公司乙的全资子公司，甲公司的所有者权益如下：实收资本为 400 万元，利润分配 1~6 月为-100 万元，7~12 月为 50 万元。

三、案例的解决、方案及结果

1. 应提供"金融企业的同期同类贷款利率情况说明"，以证明其利息支出的合理性。可以提供本省任何一家金融企业同期同类贷款利率情况，本案例选择金融企业利率最高的为 11%。

2. 提供此交易符合独立交易原则的资料。

3. 计算各月平均权益投资 =（400×6+450×6）÷12=425 万元

4. 各月平均关联债权投资 =1,000 万元

5. 关联债资比例 = 年度各月平均关联债权投资之和÷年度各月平均权益投资之和 =1000÷425=2.35

6. 可以扣除的利息支出 = 年度实际支付的全部关联方利息×标准比例÷关

联债资比例=425×2×11％=93.5万元

7．关注甲乙公司的税负，如果乙公司的税负低于甲公司则关联利息不能税前列支。

依据的相关税收政策以及政策分析：

1．根据《财政部、国家税务总局关于企业关联方利息支出税前扣除标准有关税收政策问题的通知》（财税〔2008〕121号）规定，纳税人从关联方取得借款，应符合税收规定债权性投资和权益性投资比例（注：金融企业债资比例的最高限额为5:1，其他企业债资比例的最高限额为2:1），关联方之间借款超出上述债资比例的借款利息支出，除符合财税〔2008〕121号文件第二条规定情况外，原则上不允许税前扣除。

2．根据《国家税务总局公告2011年第34号》第一条规定，非金融企业向非金融企业借款的利息支出，不超过按照金融企业同期同类贷款利率计算的数额的部分，准予税前扣除。

3．根据《特别纳税调整实施办法（试行）》（国税发〔2009〕2号）规定，权益投资为企业资产负债表所列示的所有者权益金额。如果所有者权益小于实收资本（股本）与资本公积之和，则权益投资为实收资本（股本）与资本公积之和；如果实收资本（股本）与资本公积之和小于实收资本（股本）金额，则权益投资为实收资本（股本）金额。即税法上的权益投资大于或等于会计上的所有者权益，税法上的权益投资按照取数从大的原则处理。

案例 1-9　供电企业外购电量自用案例

尤尼泰（吉林）税务师事务所有限公司　张恩强

一、案例分类

1. 税种分类：增值税

2. 行业分类：供电企业

3. 经济业务分类：增值税

4. 案例发生时间：2014 年 6 月

二、案例经济业务情况说明

某供电公司在国家电网购入电量时开具了增值税专用发票并进行了抵扣，购入的电量主要都用于销售，但一小部分直接供各供电所自用。对于自用的电量企业按视同销售进行了处理并给自己开具了增值税普通发票。

三、案例的解决、方案及结果

供电企业购电用于办公既不属于视同销售的范围，也不属于不得抵扣进项税的范围，而是为生产经营正常发生的费用，不应给自己开具增值税发票，造成多缴纳增值税。

四、依据的相关税收政策以及政策分析

根据《中华人民共和国增值税暂行条例实施细则》第四条，单位或者个体工商户的下列行为，视同销售货物：

（一）将货物交付其他单位或者个人代销；

（二）销售代销货物；

（三）设有两个以上机构并实行统一核算的纳税人，将货物从一个机构移送

其他机构用于销售，但相关机构设在同一县（市）的除外；

（四）将自产或者委托加工的货物用于非增值税应税项目；

（五）将自产、委托加工的货物用于集体福利或者个人消费；

（六）将自产、委托加工或者购进的货物作为投资，提供给其他单位或者个体工商户；

（七）将自产、委托加工或者购进的货物分配给股东或者投资者；

（八）将自产、委托加工或者购进的货物无偿赠送其他单位或者个人。

《中华人民共和国增值税暂行条例》第十条，下列项目的进项税额不得从销项税额中抵扣：

（一）用于非增值税应税项目、免征增值税项目、集体福利或者个人消费的购进货物或者应税劳务；

（二）非正常损失的购进货物及相关的应税劳务；

（三）非正常损失的在产品、产成品所耗用的购进货物或者应税劳务；

（四）国务院财政、税务主管部门规定的纳税人自用消费品；

（五）本条第（一）项至第（四）项规定的货物的运输费用和销售免税货物的运输费用。

本案例外购电用于企业办公，属于可以抵扣进项税额的项目。

案例 1 – 10　产品质量扣款、赔款税前扣除案例

尤尼泰（江苏）税务师事务所有限公司　卢红珍

一、案例分类

1. 税种分类：企业所得税

2. 行业分类：工业

3. 经济业务分类：质量扣款税前扣除

4. 案例发生时间：2014 年 3 月

二、案例经济业务情况说明

某企业（以下简称甲方）从事涂装设备、纺织机械、印染机械制造与销售。2014 年 3 月，甲方与 A 公司（A 方）签订质量赔款协议，其主要内容为：A 方购买的 10 台设备在使用过程中，存在质量问题。甲方同意补偿设备运输费用和维修费用 5 万元。该费用在质量保证金中扣除，A 方出具收款收据。甲方承接销售订单时，已按合同约定支付质量保证金，在"其他应收款"中反映 50 万元。针对此笔赔款公司财务作如下会计处理：

借：营业外支出　50,000

贷：其他应收款　50,000

对甲方列支的质量赔款能否税前扣除，有三种不同的意见：

第一种意见认为，在"营业外支出"中列支质量赔款，甲方未取得发票，不能税前扣除。

第二种意见认为，发生的质量赔款支出，应冲减"其他应收款"，属于核销坏账，应按《国家税务总局关于企业资产损失税前扣除管理办法》（国家税务总局公告 2011 年第 25 号）规定，向主管税务机关进行专项申报后，可以在税前扣除。

第三种意见认为，甲方列支的质量赔款，是经营过程中的正常支出，可直接在税前扣除。

这三种意见，哪种正确？

三、案例的解决、方案及结果

1. 对于第一种意见，如果要甲方取得发票才能列支产品质量赔款，可以采用折让方式，要求 A 方向主管税务机关出具《开具红字增值税专用发票申请单》。经主管税务机关审核后出具的《开具红字增值税专用发票通知单》，甲方开具红字增值税发票冲减主营业务收入。这样处理不存在税前扣除争议，但赔款协议无这类条款。这样操作比较烦琐，购货方不愿意用这种方式结算质量赔款。

2. 对于第二种意见，在会计处理形式上，似乎是核销坏账，但从业务发生的实质分析，冲减往来是间接列支质量赔款。如以银行存款支付质量赔款可以税前扣除，用转账方式列支质量赔款是核销坏账不能直接税前扣除，其结论站不住脚。

3. 甲方列支的质量赔款，是经营过程中的正常支出。根据质量赔款协议、质量检验报告（或质量事故鉴定）相关合同及付款单据为税前扣除凭证，可直接在税前扣除。

四、依据的相关税收政策以及政策分析

1. 对于产品质量扣款税前扣除的标准，按企业所得税法税前扣除原则和《江苏省地方税务局关于发布企业所得税税前扣除凭证管理办法的公告》（苏地税规〔2011〕13 号）规定，税前扣除凭证管理应遵循真实性、合法性和有效性原则。

2. 真实性是指税前扣除凭证反映的支出确属已经发生，是首要原则。合法性是指税前扣除凭证的来源、形式等符合国家法律法规的规定。有效性是指凭证能充分反映企业发生的支出符合税法规定。

企业因产品质量问题发生的赔款、扣款和违约金等支出，以当事人双方签订的质量赔款协议、质量检验报告（或质量事故鉴定）相关合同、法院文书以及付款单据为税前扣除凭证。

案例 1-11　向员工借款利息税前扣除案例

尤尼泰（江苏）税务师事务所有限公司　钱丽君

一、案例分类

1. 税种分类：企业所得税

2. 行业分类：商业

3. 经济业务分类：向内部员工借款利息支出税前扣除

4. 案例发生时间：2014 年 12 月

二、案例经济业务情况说明

某企业财务费用中列支的利息支出，除了向金融企业的贷款利息支出还有向公司内部员工借款的利息支出 100 万元，具体情况如下：

1. 向内部员工借款 1,000 万元，公司给员工开具盖有公司公章的收据，口头约定借款利率为 10%，实际也一直按这个利率进行支付。

2. 公司支付给员工利息，填制由公司统一制作的内部表格，由员工签字后，列支在财务费用。

三、案例的解决、方案及结果

1. 企业向员工借款，应该签订借款合同。

借款合同应采用书面形式，借款合同的内容包括借款种类、币种、用途、数额、利率、期限和还款方式等条款。

2. 约定10%的借款利率超过金融企业同期同类贷款利率，超过部分不得税前扣除。

3. 支付的利息支出，应该及时到主管税务机关开具利息发票，缴纳对应的营业税及附加税。根据发票并按金融企业同期同类贷款利率计算的利息在企业所得税前列支扣除。

4. 企业在支付个人利息时应代扣代缴其20%的个人所得税。

5. 如果是企业为购置、建造固定资产、无形资产和经过 12 个月以上的建造才能达到预定可销售状态的存货而发生的借款，在有关资产购置、建造期间发生的合理的借款费用，应当作为资本性支出计入有关资产的成本，不得作为纳税人的经营性费用在税前扣除。以后可以通过折旧或摊销在税前扣除。

四、依据的相关税收政策以及政策分析

1. 《国家税务总局关于企业向自然人借款的利息支出企业所得税税前扣除问题的通知》（国税函〔2009〕777号）规定，在双方不存在关联关系的情况下，需要符合两个条件，其利息支出方能按不超过按照金融企业同期同类贷款利率计算的数额进行扣除：

（1）企业与个人之间的借贷是真实、合法、有效的，并且不具有非法集资目的或其他违反法律、法规的行为。

判断企业与个人之间的借贷是真实、合法、有效的问题，法释〔1999〕3号文件规定：公民与非金融企业之间的借贷属于民间借贷。只要双方当事人意思表示真实即可认定有效。但在《中华人民共和国营业税暂行条例实施细则》第十九条中对合法有效凭证作了详细的规定。发票还是判断是否合法有效的主要依据，依据税源控制的原则，一般来说没有利息发票不能税前扣除。

（2）企业与个人之间签订了借款合同。

借款合同是判断营业税纳税义务发生时间的主要依据，所以借款利息税前扣除将借款合同列为必备条件之一。根据合同法中借款合同的规定，借款合同应采用书面形式，借款合同的内容包括借款种类、币种、用途、数额、利率、期限和

还款方式等条款。

（3）允许扣除的利率标准是金融企业同期同类贷款利率，使得向金融企业借款的企业的税收待遇，与向个人、非金融企业借款的企业的税收待遇相统一，这样就可以抑制企业向个人借款的冲动，鼓励企业向金融企业借款，有助于维护国家金融秩序，也利于实现企业之间的公平。这里需要注意的是税法中未限定"同期同类贷款利率"必须是基准利率。

2. 个人向企业借款收取的借款利息所涉及的其他税种：

（1）根据国税函发〔1995〕156号第十条的规定，不论金融机构还是其他单位，只要是发生将资金贷与他人使用的行为，均应视为发生贷款行为，按"金融保险业"税目缴纳营业税，并交纳相关附加税。

（2）按照《个人所得税法》第八条的规定，对此类利息收入全额按"利息、股息、红利所得"项目，适用20%的税率计算缴纳个人所得税，由支付企业代扣代缴。另外，根据《印花税暂行条例》及其施行细则和《国家税务局关于印花税若干具体问题的解释和规定的通知》（国税发〔1991〕155号）的规定，非金融企业向个人借款签订的借款合同，借贷双方均无须缴纳印花税。

案例 1－12 租赁房屋装修费的税前扣除案例

尤尼泰（江苏）税务师事务所有限公司 童辉

一、案例分类

1. 税种分类：企业所得税

2. 行业分类：工业企业

3. 经济业务分类：装修费用扣除

4. 案例发生时间：2014 年 12 月

二、案例经济业务情况说明

某企业办公场所系租赁另一企业的自有房屋，委托装修公司装修支付装修费 10 万元，企业从管理费用科目一次性计入损益。

1. 对于房屋装修费的税收扣除标准，在企业所得税处理上，对于房产或者建筑物装修费用后续支出，分为房屋或者建筑物的改建支出、大修理支出和一般修理支出。具体规定分别见《企业所得税法》第十三条规定：在计算应纳税所得额时，企业发生的下列支出作为长期待摊费用，按照规定摊销的，准予扣除：

（一）已足额提取折旧的固定资产的改建支出；

（二）租入固定资产的改建支出；

（三）固定资产的大修理支出；

（四）其他应当作为长期待摊费用的支出。

《企业所得税法实施条例》第六十八条第一款：企业所得税法第十三条第（一）项和第（二）项所称固定资产的改建支出，是指改变房屋或者建筑物结构、延长使用年限等发生的支出。

《企业所得税法实施条例》第六十八条第二款：企业所得税法第十三条第（一）项规定的支出，按照固定资产预计尚可使用年限分期摊销；第（二）项规定的支出，按照合同约定的剩余租赁期限分期摊销。

《企业所得税法实施条例》第六十九条：企业所得税法第十三条第（三）项所称固定资产的大修理支出，是指同时符合下列条件的支出：

（一）修理支出达到取得固定资产时的计税基础50%以上；

（二）修理后固定资产的使用年限延长2年以上。

《企业所得税法》第十三条第（三）项规定的支出，按照固定资产尚可使用年限分期摊销。

2. 不少企业对于房屋的装修费支出无论金额大小，要么直接费用化，要么按照税法规定的最低年限不低于三年进行摊销。按照企业所得税的相关规定，对于装修费的处理首先要判断装修费是否为固定资产的后续支出。后续支出的判定主要以是否已竣工并投入使用一定时期作为标准，如该固定资产已投入使用后再进行装修则判定为固定资产的后续支出，适用固定资产后续支出的相关税收政策。如果该项支出是固定资产投入使用前的相关支出则应视同于固定资产整个价值的构成部分。而对于企业的后续装修支出，税法规范首先应判断该项装修费支出是属于自有固定资产的改建支出还是大修理支出，如果房屋的装修改变了房屋的结构、提高了房屋使用年限的，如果是自用的固定资产，应在固定资产剩余可使用年限内摊销，如果是租赁的房屋，应在租赁合同有效期内进行摊销。对于不属于改扩建的装修费支出，应判断该项装修费是否属于固定资产大修理的范围，支出的金额是否超过固定资产价值的标准，如果装修费超过固定资产计税基础50%以上而且延长了房屋使用年限，应按照该固定资产尚可使用年限进行摊销。

三、案例的解决、方案及结果

1. 对于该公司的房屋装修费，首先应判断是否适用租赁固定资产的相关后续支出标准。

2. 对该公司的装修费经过实地调查，仅仅包含装修材料以及装修人工等，我们认为未改变原办公室的结构，不符合改建的相关标准。

3. 对于长期待摊费用的核算，会计准则对于"长期待摊费用"科目核算的内容是企业已经支出，但摊销期限在 1 年以上(不含 1 年)的各项费用，具体包括开办费、固定资产修理支出、以经营租赁方式租入固定资产的改良支出及摊销期限在一年以上的其他待摊费用(不再包括开办费、固定资产修理支出)等。

4. 结合该企业的实际情况，虽然企业租入固定资产的装修费未达到租入固定资产改扩建的标准，虽然税法上没有明确规定，但在税法未对具体事项有明确规定的情况下，企业应遵循会计相关法规的核算要求，因此，建议企业按照"长期待摊费用"核算，并按照合理的年限在租赁合同年限内进行摊销。

案例 1 - 13　国有企业之间无偿划转资产案例

尤尼泰（江苏）税务师事务所有限公司　　徐薇芝

一、案例分类

1. 税种分类：企业所得税

2. 行业分类：工业、房地产行业

3. 经济业务分类：无偿划转资产

4. 案例发生时间：2015 年 5 月

二、案例经济业务情况说明

某国有企业为做大做强子公司，将 2009 年 9 月竞得的某地块于 2010 年依据国资委（X 新国资委办文〔2010〕10 号）无偿划转至自己子公司置业公司进行项目建设及经营管理，本次无偿划转后，国有企业仍持有子公司 100% 股权。

三、案例的解决、方案及结果

1. 母公司在会计上不确认损益，冲减所有者权益和减少资产；

2. 子公司在会计上也不确认为损益，即增加资产和所有者权益；

3. 子公司取得地块后进行项目开发与管理，至 2014 年 12 月已完成一期项目开发，取得竣工验收备案表；

4. 交易双方在企业所得税年度汇算清缴时，分别向各自主管税务机关报送《居民企业资产（股权）划转特殊性税务处理申报表》及相关资料。

四、依据的相关税收政策以及政策分析

1.对 100% 直接控制的居民企业之间,以及受同一或相同多家居民企业 100% 直接控制的居民企业之间按账面净值划转股权或资产，凡具有合理商业目的、不

以减少、免除或者推迟缴纳税款为主要目的，股权或资产划转后连续 12 个月内不改变被划转股权或资产原来实质性经营活动，且划出方企业和划入方企业均未在会计上确认损益的，可以选择按以下规定进行特殊性税务处理：

（1）划出方企业和划入方企业均不确认所得。

（2）划入方企业取得被划转股权或资产的计税基础，以被划转股权或资产的原账面净值确定。

（3）划入方企业取得的被划转资产，应按其原账面净值计算折旧扣除。

2. 100％直接控制的母子公司之间，母公司向子公司按账面净值划转其持有的股权或资产，母公司没有获得任何股权或非股权支付。母公司按冲减实收资本（包括资本公积）处理，子公司按接受投资处理。

［政策依据］

《财政部、国家税务总局关于促进企业重组有关企业所得税处理问题的通知》（财税〔2014〕109 号）

《关于资产（股权）划转企业所得税征管问题的公告》（国家税务总局公告2015 年第 40 号）

案例 1 – 14 租金收入不能足额收回的税务处理案例

尤尼泰（江苏）税务师事务所有限公司   徐贤斌

一、案例分类

1. 税种分类：企业所得税

2. 行业分类：商业企业

3. 经济业务分类：收入的确认、资产损失的扣除

4. 案例发生时间：2015 年 4 月

二、案例经济业务情况说明

某百货公司将拥有的一批商铺对外出租，由于地段原因和市场原因，租户生意不好，帮租户代付的水电费等支出无法收回，有的因为租户撤柜，部分租金也无法收取，企业与客户签约时已按应收租金收入开票确认收入，企业如何处理这部分损失？

1. 企业对于无法收回的代垫支出，直接列入本企业成本费用科目税前扣除，这样就存在一定的涉税风险，因为不是本企业实际的成本费用不能在本企业税前列支。

2. 企业对于未能收回的租金直接冲减主营业务收入，这样也会存在一定的涉税风险。

三、案例的解决、方案及结果

分两种情况：

1. 与客户协商，约定因为特殊情况，减免部分租金，冲减收入。但应注意既然有减免租金情况，就不应该是个别情况，最好企业内部对减免有具体的会议决

议，与客户尽量都要签订书面的补充协议，增加说服力，避免税收风险。

2. 应收款项无法收回，可作为资产损失处理，向税务机关进行专项申报，税前扣除。这种情况需要注意对相关内部外部证据的取得和保存，因为专项申报需要提供充分的证据证明，否则税务机关无法采纳，造成不得税前扣除。

四、依据的相关税收政策以及政策分析

企业所得税法及实施条例规定，企业发生的损失，减除责任人赔偿和保险赔款后的余额，依照国务院财政、税务主管部门的规定扣除。

国家税务总局公告〔2011〕第 25 号规定，企业发生的资产损失，可以向主管税务机关进行申报后扣除，应收和代垫款项无法收回属于货币资产损失，应向税务机关进行专项申报才能扣除。同时需要提供一系列证明材料：

（一）相关事项合同、协议或说明；

（二）属于债务人破产清算的，应有人民法院的破产、清算公告；

（三）属于诉讼案件的，应出具人民法院的判决书或裁决书或仲裁机构的仲裁书，或者被法院裁定终（中）止执行的法律文书；

（四）属于债务人停止营业的，应有工商部门注销、吊销营业执照证明；

（五）属于债务人死亡、失踪的，应有公安机关等有关部门对债务人个人的死亡、失踪证明；

（六）属于债务重组的，应有债务重组协议及其债务人重组收益纳税情况说明；

（七）属于自然灾害、战争等不可抗力而无法收回的，应有债务人受灾情况说明以及放弃债权声明。

案例 1-15   融资租入固定资产税前扣除案例

尤尼泰（江苏）税务师事务所有限公司   许云

一、案例分类

1. 税种分类：企业所得税

2. 行业分类：工业企业

3. 经济业务分类：融资租入固定资产税前扣除

4. 案例发生时间：2013 年 3 月

二、案例经济业务情况说明

2013 年 3 月，某机械制造公司通过融资租赁公司按融资租赁方式购置一台数控机床，设备原值 3,450,000.00 元（含税），租期 36 个月，合同约定首付 30%，即 1,035,000.00 元（增值税专用发票含税价，其中不含税金额 884,615.38 元）、交易保证金 160,300.00 元抵第 1 期和第 36 期租金（不含税金额 137,008.55 元）以及保险费 10,350.00 元（普通发票）。

第 2 期至第 35 期每月初支付租金 80,150.00 元（增值税专用发票含税价，其中不含税金额 68,504.27 元）。

期末购买价格 1,000.00 元（增值税专用发票含税价，其中不含税金额 854.70 元）。

会计处理时按发票金额分批记入固定资产，截止 2014 年 12 月账上的入账金额为 2,644,239.67 元。2013 年计提折旧 94,254.67 元，2014 年计提折旧 210,529.05 元。

三、案例的解决、方案及结果

本租赁合同中约定的付款总额为 3,361,973.81（884,615.38+137,008.55+10,350.00+68,504.27×34+854.70）元，作为融资租入固定资产的计税基础，年限为 10 年，残值率为 5%，2013 年应计提折旧 239,540.67（3,361,973.81×（1-5%）÷120×9）元，2014 年应计提折旧 319,387.56（3,361,973.81×（1-5%）÷120×12）元。

故 2014 年应纳税调整减少金额为 319,387.56-210,529.05=108,858.51 元。

四、依据的相关税收政策以及政策分析

1. 税收规定：《企业所得税法实施条例》第四十七条规定，以融资租赁方式租入固定资产发生的租赁费支出，按照规定构成融资租入固定资产价值的部分应当提取折旧费用，分期扣除。

《企业所得税法实施条例》第五十八条规定，融资租入的固定资产，以租赁合同约定的付款总额和承租人在签订租赁合同过程中发生的相关费用为计税基础；租赁合同未约定付款总额的，以该资产的公允价值和承租人在签订租赁合同过程中发生的相关费用为计税基础。

2. 新企业会计准则规定：《企业会计准则第 21 号——租赁》第十一条规定，在租赁期开始日，承租人应当将租赁开始日租赁资产公允价值与最低租赁付款额现值两者中较低者作为租入资产的入账价值，将最低租赁付款额作为长期应付款的入账价值，其差额作为未确认融资费用。承租人在租赁谈判和签订租赁合同过程中发生的，可归属于租赁项目的手续费、律师费、差旅费、印花税等初始直接费用，应当计入租入资产价值。

同时第十五条、十六条还规定未确认融资费用应当在租赁期内各个期间进行分摊。承租人应当采取实际利率法计算确认当期的融资费用。承租人应当采用与

自有固定资产相一致的折旧政策计提租赁资产折旧。能够合理确定租赁期届满时取得租赁资产所有权的，应当在租赁资产使用寿命内计提折旧。无法合理确定租赁期届满时能够取得租赁资产所有权的，应当在租赁期与租赁资产使用寿命两者中较短的期间内计提折旧。

3. 会计成本与计税基础的差异。从税法有关融资租赁计税基础的规定可以看出，条例并未规定计算最低租赁付款额的现值，这与会计准则的规定是有差异的。条例采用相对简化的处理方式，按合同规定的租赁付款额或者公允价值作为固定资产的入账价值，将会计准则中确认的未实现融资费用直接计入固定资产原值，然后分期计提折旧。由此可见，税法规定融资租入的固定资产的计税基础与会计上该资产的入账价值是存在差异的，需进行纳税调整。

案例 1–16　学历教育支出税前扣除案例

尤尼泰（江苏）税务师事务所有限公司　　殷庭兰

一、案例分类

1. 税种分类：企业所得税

2. 行业分类：建筑业

3. 经济业务分类：学历教育支出税前扣除

4. 案例发生时间：2014 年

二、案例经济业务情况说明

某园林绿化公司 2014 年度在工程施工-其他中列支培训费支出 99,431.10 元，经审核其中 20,770.00 元为 XX 大学开具的政府非税收入一般缴款书，内容为学费支出。

三、案例的解决、方案及结果

企业列支的学费支出 20,770.00 元，属于应由个人承担的支出，不能挤兑企业的职工教育经费，该学历支出不允许企业所得税税前列支。

四、依据的相关税收政策以及政策分析

根据财建〔2006〕317 号《关于印发〈企业职工教育经费提取与使用管理的意见〉的通知》的规定，经单位批准参加继续教育以及政府有关部门集中举办的专业技术、岗位培训、职业技术等级培训、高技能人才培训所需经费，可从职工所在企业职工教育培训经费中列支。

另根据《企业所得税法实施条例》第四十二条，企业发生的职工教育经费支出，不超过工资薪金总额 2.5% 的部分，准予扣除；超过部分，准予在以后纳税年度结转扣除。但如果是企业职工参加社会上的学历教育以及个人为取得学位而参加的在职教育，所需费用为个人费用，不能作为职工教育经费列支，要并入工资计缴个人所得税作为工资项目列支。

案例 1-17　劳保费支出税前扣除案例

尤尼泰（江苏）税务师事务所有限公司　　邹双娴

一、案例分类

1. 税种分类：企业所得税

2. 行业分类：服务业

3. 经济业务分类：工作服饰扣除

4. 案例发生时间：2014 年 12 月

二、案例经济业务情况说明

某公司"管理费用——劳动保护费"科目金额记载 30 万元。抽查凭证后发现一张某高档商厦开具的工作服发票 20 万元，公司总人数仅 10 人，金额之大显然既不合情又不合理。经过核实后是公司用来奖励某些优秀员工。

三、案例的解决、方案及结果

按照《关于企业所得税若干问题的公告》（国家税务总局 2011 年第 34 号公告）分析,关于劳保费支出税前扣除条件：1. 劳动保护费是物品而不是现金；2. 劳动保护用品是因工作需要而配备的，而不是生活用品；3. 从数量上看，能满足工作需要即可，超过工作需要的量而发放的具有劳动保护性质的用品就是福利用品了，应在应付福利费中开支，而不是在管理费用中开支。劳保费支出标准，一些地方有自己的地方性规定，需参照当地规定执行。基于上述条件，该公司购买的高档服装其实质属于企业为获得职工提供的服务而给予的一种非货币性福利。根据《国家税务总局关于企业工资薪金及职工福利费扣除问题的通知》（国税函〔2009〕3 号）的规定，此种非货币性福利不计入职工福利费扣除，应计入工资、薪金总额，并按照视同销售处理。

四、依据的相关税收政策以及政策分析

《国家税务总局关于企业所得税若干问题的公告》（国家税务总局公告 2011年第 34 号）对企业员工服饰费用支出扣除问题予以明确，即企业根据其工作性质和特点，由企业统一制作并要求员工工作时统一着装所发生的工作服饰费用，根据《企业所得税法实施条例》第二十七条的规定，可以作为企业合理的支出给予税前扣除。不满足上述条件，用于非本单位职工的非劳保必需品，若与生产经营有关，实质属于企业的交际应酬支出，按照业务招待费规定扣除。另外《国家税务总局关于企业处置资产所得税处理问题的通知》（国税函〔2008〕828 号）规定，企业将资产（自制或外购）用于市场推广或销售、交际应酬、职工奖励或福利、对外捐赠、其他改变资产所有权属的用途等移送他人的情形，应按规定视同销售确定收入。如果与生产经营无关，则属于赞助性支出，不能在企业所得税前扣除。

案例1-18　高新技术企业年审案例

尤尼泰（湖北）税务师事务所有限公司　　方凯

一、摘要

高新技术企业的涉税审核服务是一项政策性和经验性都很强的工作，同时需要有风险预见能力，避免企业经过包装后虚假申报，同时不能一味满足客户的要求而放弃审计原则，要严把质量控制关。

二、企业背景及前期准备工作

武汉A炊具有限公司是某集团旗下的子公司，1996年，该集团先后兼并了XX市某液压阀厂、XX某铝制品厂和XX市某家具厂三家企业，组建而成某民营企业集团。公司年产值从1997年1,800余万元发展到2005年近38,000万元。主要负责国内炊具的生产和销售，如压力锅、铝制品、不粘锅等厨房用具系列产品。

接受委托前，我们了解到该企业已经被认定为高新技术企业，并实行全面预算管理，平衡计分卡管理以及流程管理等多种先进的管理模式，该企业的内控制度严密。

我所曾在2011年接受企业委托，辅导该企业通过高新技术企业复审。在本次接受委托前，我们项目组也辅导过武汉东湖高新区的软件企业和某大型企业集团的高新技术企业，有一定的高新技术企业辅导的经验，出具的专项审计报告都符合规范。但在进入现场审计前项目组仍然学习了相关文件政策，制定审计计划，明确审计小组成员各自的职责，并与客户作了必要的沟通。

在前期复核准备过程中，项目组开会讨论确定：要注意把握住相关法规政策要点，还需结合该企业的行业特征、厨具产品的技术变化等情况进行复核。项目组人员配备是能力较强的,不仅要求掌握专业的理论知识和最新的会计核算法规,还要有较强的实际动手能力,在成员的选择上注意到了个人能力互补,各个成员还要坚持独立专业判断。

三、审核过程及服务质量控制重点

首先依据科技部、财政部、国家税务总局联合制定的《高新技术企业认定管理办法》(国科发火〔2008〕172 号)及《高新技术企业认定管理工作指引》(国科发火〔2008〕362 号)相关法规对该客户最近三年的研究开发费以及三年的财务报表(包括资产负债表、利润表、现金流量表等)进行审核。

审核确认该企业年销售收入 2 亿元以上,研发费用总额达到了销售收入 3%以上,高新技术产品收入也占到当年总收入 60%以上,符合法规要求。

该客户高新技术项目属于新材料领域,我们根据相关法规对企业知识产权证书进行了审核,还重点关注了产品的核心技术是否拥有自主知识产权。客户提出拥有的专利权有 8 项,我方复核后发现知识产权证明材料存在瑕疵,有的知识产权通过受让取得,转让合同未经过登记备案,要求补充资料后仍未满足要求,最后只确认其中 6 项可以在此次复核中通过,然后对其自主知识产权的时效性、归属性、相关性进行了复核:

1.时效性审查:审核了三年内研究开发的立项和费用支出记录、无形资产的结转和摊销记录。

2.归属性审查:审核合同、原始凭证和账户记录。客户会计基础工作做得比较好,在财务核算中遵循高新技术产品核算一条线的原则,即从销售部门订立合同开始,到销售票据的开具以及收入确认都对高新技术产品研发销售单独核算。各研发费用按项目明细核算,都有原始凭证。

3.相关性审查:审核产品销售收入明细账和销售资金流、发票流,确认其高新技术产品销售收入是否达到 60% 以上。该项经审核确定符合标准。

由于该企业每年有多个研发项目，项目和项目之间又需要单独核算，客户在"研发费用"科目下设置三级科目反映项目核算情况，财务核算设置为：

（1）管理费用——研发费用——RD01

（2）管理费用——研发费用——RD02

（3）管理费用——研发费用——RD03

财务核算可以清楚看到该年发生总费用是多少，也可以通过近三年的费用合计来比对该项目共发生多少费用。《工作指引》要求申报企业按"研发费用"辅助账发生额作为申报数，我们以财务核算"研发费用"账发生额为基准，对于不符合《工作指引》中"研发费用"的项目、内容、金额，审核时予以剔除，并跟企业进行解释、沟通，最后得到企业认可。

审核研发材料耗用时，我们除核实领料单外，还通过了解研发领用材料对应生产的产品，其理论单耗与实际单耗进行比对，检查是否存在生产领料计入研发费用的情况；询问车间、仓库、研发部等相关人员来了解研发材料的使用情况及相关剩余料件的处置情况，进一步核实账面领用数量的真实性。

在审核该企业研发人员工资费用时，我们核实了研发部的实际人员及其工作岗位，查阅企业岗位人员安排情况表，将公司领导从研发人员中剔除。还查阅了考勤表、查阅员工聘任合同中注明的工作岗位等，询问车间工人，通过各种方式佐证企业真正属于研发岗位的研发人员实际人数。确定了合理人数之后，根据企业的总体工资薪酬情况，结合企业进行的具体研发项目，确定了研发费用中的工资准确性。

四、审核服务总结及售后服务

在审核服务的过程中，项目组成员在做到"勤勉尽责"的同时，还重点做好两方面工作：一是对客户的期望进行有效管理，二是加强与客户的沟通。要维护好客户就必须了解客户的期望，该企业希望我们团队能有些售后服务，如培训和答疑，我们尽力满足客户的要求，对客户在销售过程中发生退货时发票开具和账务处理等问题做了相应的回复。在审核服务的过程中，我们一直主动通报工作进度，注意加强沟通。客户刚开始对我们工作不十分理解，觉得企业会计基础工作做得好，不需要过多复核，我们都以法规为依据，尽力解释清楚，消除误会。

由于每个客户的情况都存在差异，不可能有两个一模一样的辅导成功案例。我们团队在该客户的高新技术企业复审中高度重视差异性，确保稳妥准确地出具审计报告，为企业加快自主创新的步伐、增强该厨具品牌系列产品的科技竞争力提供有力支持。

在出具专项审计报告后，客户圆满通过了高新技术企业的复审，享受了税收优惠政策，客户比较满意。同时我们也注意搞好售后服务和培训。培训的形式以集中讲授为主，并制作好培训课件。在培训中结合与厨具行业公司相关的案例，详细讲解税收政策，进一步提高了客户的满意度。

案例 1 – 19　股权转让土地增值税、企业所得税案例

尤尼泰（天津）税务师事务所有限公司　　洪昌清

一、案例分类

1. 税种分类：土地增值税、企业所得税

2. 行业分类：房地产业

3. 经济业务分类：股权转让涉税问题

4. 案例发生时间：2013 年 8 月

二、案例经济业务情况说明

某民营房地产企业集团 HF 公司 2013 年 6 月 30 日召开股东会,决定公司进行重大资产重组,分立设立新公司 RC,将集团在建的房地产项目渤海明珠整体划入 RC 公司。7 月 31 日, RC 公司的 100% 股权又转让给一家香港地产公司 M,自此 HF 集团完成了以分立再转让股权的形式转让在建项目的全过程。主管税务机关要求 HF 集团提交转让在建项目的土地增值税清算报告。税务师事务所接受 HF 集团委托提供涉税服务业务。

首先,项目组对项目和转让过程进行了充分了解,掌握了如下情况:HF 集团在建项目——渤海明珠共分为两期,一期总占地面积 58,115 平方米,规划建设 7 栋住宅楼,3 栋商业楼,1 个地下车库,1 个会所,1 个变电站。规划总建筑面积 144,318.85 平方米,其中地上 116,190.85 平方米（住宅 97,131.51 平方米,商业 17,515.69 平方米,会所 1,391.85 平方米,变电站 151.8 平方米）,地下 28,128 平方米（车库 24,240 平方米,人防工程 3,888 平方米）;该项目容积率 2.0,住宅户数 1,068 户。股权转让日渤海明珠一期项目的 7 栋住宅楼已全部封顶,外檐

窗已安装完毕，正在进行外墙粉刷工作。3 栋商业楼已全部封顶，外装修已全部做完，内部装修正在进行中。

渤海明珠二期项目占地面积 51,421.6 平方米，规划建设 14 栋住宅楼，2 栋商业楼，1 个地下车库及人防设施、1 个变电站。规划总建筑面积 141,935 平方米，其中地上 102,840 平方米（住宅 98,248 平方米，商业 4,222 平方米，变电站 376 平方米），地下 39,095 平方米，项目容积率 2.0。股权转让日渤海明珠二期项目已完成桩基础工程。

该开发项目在股权转让日均未达到交工标准，未办理竣工验收手续，也未取得《销售许可证》和《建设工程竣工验收备案书》，工程均处于在建阶段，属于未完工项目。

2013 年 8 月 16 日，HF 集团聘请东方房地产评估有限公司出具评估报告，估价结果为：渤海明珠项目于估价时点（2013 年 7 月 31 日）的公开市场参考价值为人民币 1,800,851,100.00 元。其中一期 1,200,446,250.00 元，二期 600,404,850.00 元。一期账面开发成本 1,011,477,257.81 元，二期账面开发成本 680,799,602.21 元，合计成本 1,692,276,860.02 元，评估增值 108,574,239.98 元。

三、案例的解决、方案及结果

项目组对渤海明珠项目进行了测算，一期土地增值税计算过程：视同销售收入 1,200,446,250 元，扣除取得土地使用权所支付的金额 645,611,814.79 元，房地产开发成本 365,865,443.02 元，房地产开发费用 121,620,150.45 元，与转让房地产有关的税费 0.00 元，财政部规定的 20% 的加计扣除数 202,295,451.56 元，扣除项目合计 1,335,392,859.82 元，增值额 -134,946,609.82 元，应缴土地增值税税额 0.00 元。二期土地增值税计算过程：视同销售收入 600,404,850 元，扣除取得土地使用权所支付的金额 571,262,185.21 元，房地产开发成本 109,537,417.00 元，房地产开发费用 34,039,980.11 元，与转让房地产有关的税费 0.00 元，财政部规定的 20% 的加计扣除数 136,159,920.44 元，扣除项目合计 850,999,502.76 元，增值额-250,594,652.76 元，应缴土地增值税税额 0.00 元。

项目组没有就此出具清算报告，考虑到对房地产企业股权转让行为征收土地增值税问题的复杂性，税务师对整个重组过程和股权转让后的项目开发情况进行了详细了解，并获取了相关资料。最后建议 RC 公司将 HF 集团保管的该项目的原始成本资料全部复印盖章转入 RC 公司，待项目销售达到清算条件时以原始成本和接手后发生的开发成本为依据计算扣除项目金额。

经过与税务机关的沟通协调，税务机关接受了税务师的处理建议，对 HF 集团通过分立和转让股权转让在建项目的行为，暂免征收土地增值税。

四、依据的相关税收政策以及政策分析

《财政部、国家税务总局关于土地增值税一些具体问题规定的通知》（财税〔1995〕48 号）（以下简称"48 号文"）第三条规定："在企业兼并中，对被兼并企业将房地产转让到兼并企业中的，暂免征收土地增值税。"根据此项规定，一些企业为了规避转让房地产过程中发生的土地增值税，常常会以股权转让的方式转让房地产。

针对 48 号文在实施过程中遇到的大量企业或个人以股权转让方式转让房地产的问题，2000 年，广西壮族自治区地税局曾就此请示国家税务总局。国家税务总局以《国家税务总局关于以转让股权名义转让房地产行为征收土地增值税问题的批复》（国税函〔2000〕687 号）文件回复：《关于以转让股权名义转让房地产行为征收土地增值税问题的请示》（桂地税报〔2000〕32 号）收悉。鉴于深圳市能源集团有限公司和深圳能源投资股份有限公司一次性共同转让深圳能源（钦州）

实业有限公司 100% 的股权，且这些以股权形式表现的资产主要是土地使用权、地上建筑物及附着物，经研究，对此应按土地增值税的规定征税。

根据该批复，以股权转让之名行房地产转让之实的行为是应当按照土地增值税的规定进行征税的。但是该文件有两个问题：一是其自身的效力问题，二是该文件所规范的行为界定问题。

第一，国税函〔2000〕687 号文件是国家税务总局答复广西壮族自治区地方税务局的文件，对广西壮族自治区地方税务局及抄送的机关有法律效力，但其他税务机关遇到相同情形事项是否参照执行一直存在争议。依据相关行政法规和国税发〔2004〕132 号文件规定，国税函属部门规范性文件，具有一定的法律效力，效力位阶在税收法律、行政法规、部门规章之后。批复是用于答复下级机关请示事项的公文。因此严格来说 687 号文件只是对请示税务机关所请示的事项具有法律效力，同时也对抄送的机关具有法律效力，但是其他税务机关遇到性质相同的事项也是可以选择参照执行的。实际上全国各地税务机关对该文件执行口径并不一致，有参照执行的，也有未参照执行的。执行与不执行的选择权力在主管税务机关。

第二，该批复仅是根据个案的批复，并未给出适用情形的界定标准。在该文件效力不明且文件所规范的行为界定不清的情况下，财政部、国家税务总局于 2006 年出台了规范土地增值税税收优惠问题的规定。根据《财政部国家税务总局关于土地增值税若干问题的通知》（财税〔2006〕21 号）第五条规定，"关于以房地产进行投资或联营的征免税问题：对于以土地（房地产）作价入股进行投资或联营的，凡所投资、联营的企业从事房地产开发的，或者房地产开发企业以其建造的商品房进行投资和联营的，均不适用《财政部、国家税务总局关于土地增值税一些具体问题规定的通知》（财税字〔1995〕048 号）第一条暂免征收土地增值税的规定。"然而，该文件只对财税〔1995〕48号文的第一条以房地产进行投资或联营的征免税问题进行了重新明确。也就是说，48号文中的关于企业兼并转让房地产的暂免征收土地增值税的规定依然有效。那么在2000年已经出现相关批复的情况下，为何财税〔2006〕21号文件未将这种"以股权转让之名行转让房地产之实"的行为明确排除在48号文"暂免征收"的情形之外呢？

48号文第3条仅规定暂免征收而未规定后续征收的时间，根据前面分析的土地增值税因其流转而征税的性质，我们认为后续征收应发生在下一次土地流转的环节，由于下一次的土地流转环节发生时间不确定，因此法律不就暂免征收作出固定的时限规定具有合理性。通过上述分析可知48号文第3条仅是规定土地增值税的暂免征收，不等于该部分税收被直接免除。同时，暂免征收的税收优惠期限持续到土地的下一次流转环节为止。

就本案例来说，M公司取得RC公司股权后，以RC公司名义对渤海明珠项目继续进行开发建设，并于8月初办理了《国有土地使用证》、《建设用地规划许可证》、《建设工程规划许可证》、《建筑工程施工许可证》等变更手续，并办理了一期项目的《销售许可证》，也就是说，RC公司对渤海明珠项目将全部出售，没有转为固定资产自用。该项目的土地增值税均可在出售环节缴纳。

从国税函〔2000〕687号文件的内容分析，国家征税的行为针对的是完工产品，且股权拥有者和开发产品的最终所有者是一致的，即股权拥有者通过股权转让获得开发产品并自用，从而规避营业税和土地增值税。本案例股权拥有者获得的是开发项目-在建工程，不是开发产品的最终拥有者。开发产品最终还要销售，不能规避营业税和土地增值税。如果按视同销售征税，企业不开具发票，按评估价格征收土地增值税，不征营业税，那么在开发项目形成开发产品再销售完毕进行清算时，扣除项目金额如何确定？没有票据，也不属于销售旧房，评估增值部分无法计入，土地增值税将大幅增加，形成重复征税，明显不合理，且对同一个企业的同一个项目进行两次清算，将无法界定第一次清算的性质。

《国家税务总局关于房地产开发企业土地增值税清算有关问题的通知》（国税发〔2006〕187号）第二条规定，符合下列情形之一的，纳税人应进行土地增值税的清算：2.整体转让未竣工决算房地产开发项目的。第三条规定，房地产开发企业将开发产品用于职工福利、奖励、对外投资、分配给股东或投资人、抵偿债务、换取其他单位和个人的非货币性资产等，发生所有权转移时应视同销售房地产。按此规定分析，无论是整体转让未竣工决算房地产开发项目，还是视同销售房地产，都需要开具发票，缴纳营业税，产权人按购买变更过户手续，后续环节土地增值税计算可以按成交价扣除。本案例显然不属于整体转让未竣工决算房地产开发项目，也无法适用视同销售房地产的情形。

本案例还存在一个问题，就是纳税义务人如何确定，是HF集团还是RC公司的原股东？根据国税函〔2000〕687号文件的内容分析，如果征税，应对RC公司原股东征税，但本案例显然难以被RC公司原股东认可，而似乎对HF集团征税更合理。但如果按照税务师的建议，在股权转让环节暂不征收土地增值税而在后期销售阶段一并缴纳土地增值税的做法，即保证了税务机关能够按照项目的实际开发成本进行清算征收税款，也能很容易确定由谁来纳税，还能避免RC公司在项目清算环节成本扣除金额难以确定的问题。这些事项的明确，对于HF集团、RC公司及原股东、M公司处理股权转让环节的涉税问题也有了明确的指引。

本案例能取得税务机关认可的主要原因是开发项目属于对外出售项目，能够在出售环节缴纳土地增值税。如果该项目是酒店、写字楼，股权转让后RC公司用于经营或出租，则不会被认可暂免征收土地增值税。可见通过股权转让行为转让房地产是否征收土地增值税，确实需要具体情形具体分析。

五、企业所得税涉税分析

项目组在服务过程中注意到 HF 集团对分立重组业务是按照企业所得税特殊性重组进行税务处理的,建议企业按一般性税务处理计算缴纳税款,以规避风险。

《财政部国家税务总局关于企业重组业务企业所得税处理若干问题的通知》(财税〔2009〕59 号)规定适用特殊性税务处理规定的条件:

(1)具有合理的商业目的,且不以减少、免除或者推迟缴纳税款为主要目的。

(2)企业分立,被分立企业所有股东按原持股比例取得分立企业的股权,分立企业和被分立企业均不改变原来的实质经营活动,且被分立企业股东在该企业分立发生时取得的股权支付金额不低于其交易支付总额的 85%。

(3)重组后的连续 12 个月内不改变重组资产原来的实质性经营活动。

(4)企业重组中取得股权支付的原主要股东,在重组后连续 12 个月内,不得转让所取得的股权。

而分立企业 RC 公司在分立后一个月即转让了 100% 股权,因此 HF 集团分立重组各方只能进行一般性税务处理。

财税〔2009〕59 号文件规定:企业分立,当事各方应按下列规定处理:(1)被分立企业对分立出去资产应按公允价值确认资产转让所得或损失;(2)分立企业应按公允价值确认接受资产的计税基础;(3)被分立企业继续存在时,其股东取得的对价应视同被分立企业分配进行处理。

根据《国家税务总局公告》2010 年 4 号第二十九条、第三十条规定,当事各方应在完成分立重组业务后的下一年度的企业所得税年度申报时,应当向主管税务机关提交能够证明企业在重组后的连续 12 个月内有关符合特殊性税务处理的条件未发生改变的书面说明。如果当事方的其中一方在重组后的连续 12 个月内发生生产经营业务、公司性质、资产或股权结构等情况变化,致使重组业务不再符合特殊性税务处理条件的,应在情况发生变化的 30 天内书面通知其他所有当事方,并由被分立的企业或存续企业在接到通知后 30 日内将有关变化通知其主管税务机关。在此期间原分立交易各方应各自按原交易完成时资产和负债的公允价值计算重组业务的收益或损失,调整交易完成纳税年度的应纳税所得额及相应的资产和负债的计税基础,并向各自主管税务机关申请调整交易完成纳税年度的企业所得税年度申报表。

根据上述规定,分立行为应做如下处理:

1. HF 集团应在 2013 年度企业所得税年度汇算时将资产评估增值额(转让净收益)计入应纳税所得额,计算缴纳企业所得税。

2. RC 公司可以将相应的评估增值额计入资产价值,通过折旧或摊销在税前扣除。

第二章　咨询案例

案例2-1　某港口集团税务咨询案例

尤尼泰（天津）税务师事务所有限公司　洪昌清

一、案例背景

2013年10月，L集团财务总监在北京参加某财税论坛期间，与我所领导结识。经过了解和商谈，决定邀请我所为其集团做一次全面的涉税诊断。我所建议双方签订咨询服务协议，对2013年的账簿、合同进行全面审核，对经营核算情况进行调查了解，对凭证采取抽查的形式，为L集团查找税收方面存在的问题和风险点，并针对现行核算体制，从税收方面进行规划和设计，实现税收利益最大化。2013年11月，双方签约，随后，我所成立项目组，由2名注册税务师、2名注册会计师和2名助理共6人组成，进驻L集团开展咨询服务工作。

二、基本情况

L集团是某省大型港口集团，注册资本80亿元。是按照现代企业制度要求组建的省属国有独资港口集团，由省人民政府国有资产监督管理委员会履行出资人职责，是集港口建设、开发，国有资产运营、管理以及投融资功能于一身的综合性集团公司。拥有总资产500多亿元，拥有全资和控股、参股投资企业40家，业务涉及港口经营、港口物流、港机制造、港口建设、港口服务、港口地产、资源开发和资本运作等多个领域。其中股份公司和地产公司为控股子公司，在外省市设立的分支机构也为子公司。本次服务范围主要包括坐落于集团总部所在地城市的集团主体及所属的17家分公司。经营业务主要是综合服务板块，为港口经营提供建设、疏浚、设备技术维护、提供专业化装卸设备；利用比较完善的港口后勤综合服务专业队伍和设施，为企业提供人才培训、生活服务、通勤保障、机关事务管理等专业化服务。

三、服务过程

我所项目组进入 L 集团后利用三周时间，对公司的组织架构、机构设置、经营范围、核算形式、纳税申报情况进行了了解，对账簿资料、经营合同、财务报表、纳税申报表进行了全面审核，对凭证进行了抽查，抽查量占 30% 以上。每天项目组都利用晚上时间进行汇总讨论，对存有疑点的问题共同分析。第二天再与企业相关人员确认核实。每三天将查找到的问题汇总，向所里负责质量监控的总控组汇报，以保证质量和工作进度。三周后，对存在的问题基本梳理清楚，每人首先对各自负责的部分提出意见和咨询建议。由项目组负责人汇总后，起草初步的项目建议书，经过 5 次修改，并经所里总控组审核确认，形成咨询建议书。第四周，与企业财务部门沟通，听取意见，并对相关问题进一步核实确认，并将取得的证据材料签字盖章。第五周，将修改后形成的咨询意见与 L 集团管理层沟通，获取《管理层声明书》和《与客户交换意见书》。然后，经过审核程序，通过我所信息管理系统出具了正式的税收咨询项目建议书，并得到了 L 集团管理层的认可。历时 40 天，项目工作基本完成。

四、审核中发现的问题

（一）各税缴纳存在的问题

1. 房产税

（1）把土地价值并入房产原值缴纳房产税计算不准确

根据《财政部、国家税务总局关于安置残疾人就业单位城镇土地使用税等政策的通知》（财税〔2010〕121 号）第三条规定，对按照房产原值计税的房产，无论会计上如何核算，房产原值均应包含地价，包括为取得土地使用权支付的价款、开发土地发生的成本费用等。宗地容积率低于 0.5 的，按房产建筑面积的 2 倍计算土地面积并据此确定计入房产原值的地价。

L 集团土地价值全部在服务管理分公司账面上，土地并入房产原值纳税采用由服务管理公司统一计算分配的办法，在计算分配环节，存在应分配而未分配的现象，有 3 家分公司未把土地价值并入房产原值缴纳房产税。此项造成少纳房产税 6 万元。

（2）服务管理分公司账面列示房屋租赁收入 5000 万元。因为房屋租赁收入是计算房产税的基数，我们据以计算的房产税与服务管理分公司计算缴纳的房产税有差额，后经核对租赁协议和固定资产账簿及卡片，发现房屋租赁收入的大部分为不属于房屋的建筑物设施收入。经逐项核对，确定多纳房产税 35 万元。

根据 《关于房产税和车船使用税几个业务问题的解释与规定》（财税地字〔1987〕3 号）第一条规定："房产是以房屋形态表现的财产。房屋是指有屋面和围护结构（有墙或两边有柱），能够遮风避雨，可供人们在其中生产、工作、学习、娱乐、居住或储藏物资的场所。独立于房屋之外的建筑物，如围墙、烟囱、水塔、变电塔、油池油柜、酒窖菜窖、酒精池、糖蜜池、室外游泳池、玻璃暖房、砖瓦石灰窑以及各种油气罐等，不属于房产。"建议 L 集团对应纳房产税的房屋要与其他建筑物分开登记核算，准确计算房产税。

2. 企业所得税

（1）L 集团住房公积金政策是，对 2009 年 12 月之前参加工作的职工，单位负担 25%，之后参加工作的负担 15%。

L 集团所在的省级税务机关规定，住房公积金原则上不得超过工资薪金总额的 12%。超过 12% 的部分不得税前扣除。

建议 L 集团年底汇算清缴时，可按实际已计入成本费用的住房公积金金额与按 2013 年工资总额的 12% 计算的差额，调增应纳税所得额。

（2）L 集团支付离退休人员福利费用 1,088 万元。因为离退休人员支出属于统筹外费用，与生产经营无关，建议 L 集团年底汇算清缴时调增应纳税所得额。

（注：此问题国家税务总局办公厅税总办函〔2014〕652 号文件作了明确。《国家税务总局办公厅关于强化部分总局定点联系企业共性税收风险问题整改工作的通知》第一条：离退休人员的工资、福利等与取得收入不直接相关的支出的税前扣除问题，按照《中华人民共和国企业所得税法》第八条及《中华人民共和国企业所得税法实施条例》第二十七条的规定，与企业取得收入不直接相关的离退休人员工资、福利费等支出，不得在企业所得税前扣除。）

（3）L 集团公司银行付款凭证记载，支付某石油公司代垫场地使用费 53 万元，记入管理费用——其他科目，取得的票据为缴款单复印件，缴款单位为某石油公司。

经询问，该笔场地使用费是由某石油公司替 L 集团代垫款项，但由于票据开给了某石油公司。所以 L 集团在企业所得税前不能扣除。建议 L 集团换开票据，否则在年度汇算清缴时要调增应纳税所得额。

（4）L 集团取得地方政府给予的搬迁赞助款 300 万元，计入营业外收入——捐赠利得，并取得当地税务局证明，证明赞助搬迁款属于非税收入。收据为《非涉税资金往来结算票据》。

根据《财政部、国家税务总局关于专项用途财政性资金企业所得税处理问题的通知》（财税〔2011〕70 号）第一条规定：企业从县级以上各级人民政府财政部门及其他部门取得的应计入收入总额的财政性资金，凡同时符合以下条件的，可以作为不征税收入，在计算应纳税所得额时从收入总额中减除：（一）企业能够提供规定资金专项用途的资金拨付文件；（二）财政部门或其他拨付资金的政府部门对该资金有专门的资金管理办法或具体管理要求；（三）企业对该资金以及以该资金发生的支出单独进行核算。

显然 L 集团接受捐赠不符合不征税条件，建议将赞助款纳入应纳税所得额，缴纳所得税。

（5）L 集团 2013 年取得港建费分成资金会计分录：

借：银行存款 260 万元

贷：资本公积—其他资本公积—拨款拨入 260 万元

港建费分成资金是交通部拨入的，不符合不征税条件。建议 L 集团将该笔收入计入应纳税所得额。

（6）L 集团公司"在建工程—航道"中列支业务招待费 65 万元，建议应与其他业务招待费合并进行所得税纳税调整。

3. 印花税

分公司之间签订的购买资产、租赁设备及维修工程合同未贴印花税。

根据《国家税务总局关于企业集团内部使用的有关凭证征收印花税问题的通知》（国税函〔2009〕9 号）规定，对于企业集团内具有平等法律地位的主体之间自愿订立、明确双方购销关系、据以供货和结算、具有合同性质的凭证，应按规定征收印花税。对于企业集团内部执行计划使用的、不具有合同性质的凭证，不征收印花税。经审核确认共应补缴印花税 3.2 万元。

4. 个人所得税

L 集团向单位外的个人发放礼品，没有代扣代缴个人所得税。

根据《关于企业促销展业赠送礼品有关个人所得税问题的通知》（财税〔2011〕50 号）文件第二条规定："企业在业务宣传、广告、年会、座谈会、庆典以及其他活动中，随机向本单位以外的个人赠送礼品，对个人取得的礼品所得，按照'其他所得'项目，全额适用 20% 的税率缴纳个人所得税，税款由赠送礼品的企业代扣代缴。"建议 L 集团补交应扣缴的个人所得税，并不能在所得税前扣除。

（二）审核中发现的风险点

1. 后勤分公司于 2013 年 1 月 31 日与股份公司签订了设备和车辆租赁合同，

合同期限是 2013 年 1～12 月,年出租收入 500 万元,7 月和 12 月分 2 次付款。L 集团从 2013 年 8 月 1 日起纳入营改增范围,对 12 月的租赁收入,分公司计划按 3% 简易办法缴纳增值税。我们认为存在税收风险。《财政部国家税务总局关于在全国开展交通运输业和部分现代服务业营业税改征增值税试点税收政策的通知》(财税〔2013〕37 号)附件 2:"交通运输业和部分现代服务业营业税改征增值税试点有关事项的规定第一条第(八)项试点前发生的业务。1.试点纳税人在本地区试点实施之日前签订的尚未执行完毕的租赁合同,在合同到期日之前继续按照现行营业税政策规定缴纳营业税。"

建议企业签订补充合同,因税收政策变化,原合同执行到 2013 年 7 月底,从 8 月 1 日至 12 月 31 日重新签订合同,8 月 1 日后可以选择按 3% 简易办法缴纳增值税,从而达到节税目的。但应注意标的物是 2013 年 8 月 1 日前购进的才可选择按 3% 简易办法纳税。

2. 营改增后,L 集团达到了一般纳税人的标准,应主动申请认定为增值税一般纳税人。根据《中华人民共和国增值税暂行条例实施细则》(财政部 国家税务总局第 50 号令)第三十四条规定:"有下列情形之一者,应按销售额依照增值税税率计算应纳税额,不得抵扣进项税额,也不得使用增值税专用发票:(二)除本细则第二十九条规定外,纳税人销售额超过小规模纳税人标准,未申请办理一般纳税人认定手续的。"L 集团达到一般纳税人标准而不申请认定,税务机关将按一般纳税人适用税率纳税,并不得抵扣进项税额。

3. L 集团 2013 年 6 月出资 1 亿元人民币以股权形式投资某合伙企业(有限合伙),按照合伙协议约定,当合伙企业有可分配收入时进行分配。根据《企业所得税法》及其实施细则的规定,符合条件的居民企业之间的股息、红利等权益性投资收益免征企业所得税。而合伙企业不属于符合条件的居民企业,不能享受免税优惠,因此,企业在年度所得税汇算清缴时应当注意合伙企业分配事项。

五、税收咨询建议

（一）对港口码头建设项目申请享受税收优惠政策建议

L 集团 2013 年开始启动新航道建设，在 1.7 公里海岸线，集中建设以杂货、集装箱为主的大型综合性现代化港区。

建议 L 集团对该项目单独核算，及时向主管税务机关提交备案资料，申请对项目所得享受企业所得税免征三年，减半征收三年的优惠政策。

L 集团从事的港口码头建设项目，根据《中华人民共和国企业所得税法》第二十七条和《中华人民共和国企业所得税法实施条例》第八十七条的规定，属于国家重点扶持的公共基础设施项目，取得的投资经营的所得，自项目取得第一笔生产经营收入所属纳税年度起，第一年至第三年免征企业所得税，第四年至第六年减半征收企业所得税。

（二）个人所得税筹划建议

1. 用足扣除额

L 集团所在省规定个人所得税允许税前扣除标准为养老保险 8%，失业保险 1%，医疗保险 2%，住房公积金 12%，合计 23%。L 集团实际为 21%，其中对职工个人住房公积金按 10% 扣除，建议调整为 12%。

2. 年薪发放尽量享受边缘税率

一次性发放年薪 5.4 万、10.8 万、42 万可享受 10%、20%、25% 的边缘税率，其余工资奖金尽量各月均匀发放，可降低个人纳税额。

3. 利用通信费、交通费、差旅费、误餐费报销形式进行节税

税法规定：凡是以现金形式发放通信补贴、交通费补贴、误餐补贴的，视为工资薪金所得，计算缴纳个人所得税。凡是根据经济业务发生实质，并取得合法发票实报实销的，属于企业正常经营费用，不需缴纳个人所得税。建议 L 集团在报销通信费、交通费、差旅费、误餐费时，应以实际、合法、有效的发票据实列

支实报实销，可在一定程度上收到节税的效果。

4．通过提高职工公共福利支出实现节税

建议 L 集团可以采用非货币支付的办法提高职工公共福利支出，例如免费为职工提供宿舍（公寓）；免费提供交通便利；提供职工免费用餐等等。企业替员工个人支付这些支出，可以把这些支出作为费用减少企业所得税应纳税所得额，个人在实际工资水平未下降的情况下，减少了部分应由个人负担的费用，可谓企业个人双受益。

5．考虑特殊减免政策

对持区、县以上民政部门、残联有效证件的烈属、伤残军人和残疾人（视力残疾、听力残疾、言语残疾、肢体残疾、智力残疾、精神残疾）职工申请个人所得税减免。

（三）改变现行申报纳税模式

L 集团总部和 17 家分公司虽然同处该市的同一个行政区，归当地同一个税务机关征管，但为便于经济核算，均分别办理了税务登记证，每月在当地税务机关分别申报纳税。税务稽查部门每年都要对集团内的各个分公司分别进行税务稽查，每年都会被查补大额税款。

由于集团内各个分公司主要是为股份公司提供服务和分公司之间互相提供服务，只有港口宾馆对外业务较多。因此建议取消分公司税务登记，将分公司变成内部二级核算单位，由集团统一对外申报纳税。在集团层面设立税保科，将各分公司（港口宾馆对外业务多可例外）营业执照、税务登记证全部注销。各分公司每月税款、社保费上传至集团税保科，由集团统一向税务机关申报（社保费向社保局缴纳），各分公司使用发票以集团名义领购。

这样做有五点好处：

（1）节税。根据《中华人民共和国营业税暂行条例实施细则》第十条规定，除本细则第十一条和第十二条的规定外，负有营业税纳税义务的单位为发生应税行为并收取货币、货物或者其他经济利益的单位，但不包括单位依法不需要办理税务登记的内设机构。《国家税务总局关于企业所属机构间移送货物征收增值税问题的通知》（国税发〔1998〕137号）规定："对实行统一核算的企业所属机构间移送货物，用于销售，是指受货机构发生以下情形之一的经营行为：一、向购货方开具发票；二、向购货方收取货款。受货机构的货物移送行为有上述两项情形之一的，应当向所在地税务机关缴纳增值税；未发生上述两项情形的，则应由总机构统一缴纳增值税。"由集团统一纳税后，可以将收入划分为内部收入和外部收入，集团内分公司之间互相提供服务取得的收入属于内部收入，不必开具发票，可使用自制票据，不必缴纳营业税和增值税。经测算每年仅此项便可节税100多万元。

（2）提高协调层级。由集团统一对税务机关，成为税源大户，便于与税务机关之间的沟通协调，信息交流更顺畅，能及时知悉政策变化，采取应对措施。

（3）减少检查次数。L集团作为一个纳税户，一般每三年才能检查一次，如果争取到纳税信用等级为A，还可以享受一定年限的免检待遇。

（4）容易操作。现有架构不必改变，只在集团层面增加一个科室，同时减少了各分公司的纳税申报和应对检查的工作量。

（5）可以提高集团整体的纳税管理水平。集团可以通过统一培训、指导、内部审计等渠道规范各个分公司纳税申报的准确性，规避税收风险。

六、咨询服务体会

1. 大企业更需要专业的税务咨询服务。对大企业来说，税务风险常常在日常经营中不知不觉积累，在税务稽查时猝不及防爆发。由于税法体系复杂，经常变化，即使合规意识比较强的纳税人，也难免少缴税款。由于税务局内部是征管部门和稽查部门两套系统，纳税人经常面对的是税务征管部门，即使少缴税款，征管部门也不易发现，自己也不清楚，以为已经纳税申报了，就没有问题了。岂知，有些应缴未缴的税款，经过日积月累，问题已经很严重，等到稽查检查时，潜在的风险突然爆发，才恍然大悟，但往往为时已晚，从而导致巨额经济损失，企业的社会形象也受到贬损，有些企业负责人还可能被追究刑事责任。

对于集团型的大企业，由于下属企业数量众多，分布广泛，办税人员水平参差不齐，合规意识高低有别，潜在的风险更大。因此，为有效防控税务风险，聘请专业的涉税机构定期进行审核，及时发现问题、改正问题，可以有效规避发生更大的风险。

2.咨询服务的过程也是指导企业规范纳税的过程。在对 L 集团的咨询服务过程中，我们多次与企业财务人员沟通交流，也回答了许多他们以前认识比较模糊的问题，使其对税收政策的把握更准确了。企业财务人员由于侧重于成本核算，加之接触的业务比较单一，很难及时全面地掌握税收政策的变化，大都是通过税收管理员告知才了解一些税收政策。但基层税收管理员在把握政策上有时也不那么准确，就会产生偏差，造成企业没有准确申报纳税，但风险是要企业承担的。而注册税务师是专业人员，知识是时时更新的，加之经验积累，具有良好的的职业判断能力，因此，对企业重大的涉税风险都是能够识别的。

3.筹划方案的设计是需要有实际经验支撑的。我们为 L 集团提供的筹划方案，都是根据多年在涉税服务过程中积累的经验提出来的，是避免坐而论道、纸上谈兵的，每一个方案的提出，都要经过仔细斟酌，与可比企业反复对照，分析差异原因和可行性，还要考虑当地的税务征管情况和政策执行情况，从而保证方案的稳妥可行。

案例 2－2　A 上市公司税务咨询案例

尤尼泰（北京）税务师事务所有限公司　董芳　刘云霞

一、企业背景介绍

A 集团公司是一家上市公司，集团下设 20 余家子公司，业务范围涉及电信、交通、房地产、石化等领域；B 公司为 A 集团的全资子公司，截至 2014 年底，账面资本公积为 20 亿元（2007 年债务重组免息形成的资本公积 12.20 亿元，划转资产大于负债形成的资本公积 7.80 亿元）；香港 C 公司为 A 集团的全资子公司；D 公司为 A 集团的全资子公司；E 房地产公司为 A 集团公司的全资子公司。A 集团公司发生下列涉税事项需提供咨询分析意见。

二、案例分析及解答

（一）问题 1

A 集团公司持有 B 公司 100% 的股权，目前集团打算以减资方式取得 B 公司对香港 C 公司的 20 亿元债权，具体操作：B 公司用账面资本公积 20 亿元转增资本 20 亿元，同时 A 集团通过 B 公司减资 20 亿元方式"收回债权"20 亿元。增减资后，B 公司资本规模保持 40 亿元不变。在此业务背景下，A 集团公司咨询如下两个问题：

1. B 公司 2014 年末未分配利润为负数，可以减资吗？

2. 针对集团减资 20 亿元，是否涉及企业所得税？

[问题答复]

1. 从目前税收政策看，国家未出台关于"被投资企业留存收益为负数，投资企业不可以撤回或减少投资"的相关政策。我们认为，被投资企业留存收益为负数，投资企业可以撤回或减少投资，但需会计师事务所出具减资专项报告。

2.根据《国家税务总局关于企业所得税若干问题的公告》（国家税务总局公告〔2011〕第 34 号）第五条的规定："投资企业从被投资企业撤回或减少投资，其取得的资产中，相当于初始出资的部分，应确认为投资收回；相当于被投资企业累计未分配利润和累计盈余公积按减少实收资本比例计算的部分，应确认为股息所得；其余部分确认为投资资产转让所得。被投资企业发生的经营亏损，由被投资企业按规定结转弥补；投资企业不得调整减低其投资成本，也不得将其确认为投资损失。"投资企业实际收到的资金应与撤回或减资相比较：

（1）如果实际收到的资金小于或等于减资金额，我们认为，实际收到资产应确认为投资收回，不缴纳企业所得税；

（2）如果实际收到的资金大于减资金额，我们认为，实际收到的资产中，相当于初始出资的部分应确认为投资收回；相当于被投资企业累计未分配利润和累计盈余公积按减少实收资本比例计算的部分，确认为股息所得；其余部分确认为投资资产转让所得。居民企业之间股息所得免税，不缴纳企业所得税，而投资资产转让所得属于应税收入，应缴纳企业所得税。

［政策依据］

《国家税务总局关于企业所得税若干问题的公告》（国家税务总局公告〔2011〕第 34 号）

（二）问题 2

A 集团下属子公司 D 公司 2014 年 5 月取得股权投资转让收益，导致季度申报时会计报表产生会计利润。那么季度申报时 D 公司是否应当按照当期利润预缴企业所得税？如果企业年度所得税汇算清缴时弥补以前年度亏损，需要提供什么资料？

［问题答复］

"企业所得税月（季）度预缴纳税申报表"第 8 行"实际利润总额"：填报按会计制度核算的利润总额减除以前年度待弥补亏损以及不征税收入、免税收入后的余额。因此，纳税人经税务机关确认的亏损可在预缴企业所得税时弥补。

如果以前年度累计可弥补亏损额大于当期会计利润，则在季度申报时，可在"弥补以前年度亏损"金额栏处填写当期会计利润，从而导致当期应纳税所得额为零，即当期不产生应缴税款。

企业年度所得税汇算清缴时，如果用当年应纳税所得额弥补以前年度亏损，企业应当提供亏损年度所得税汇算亏损鉴证报告，同时提供弥补亏损当年的企业所得税弥补亏损鉴证报告。

［政策依据］

《国家税务总局关于发布〈中华人民共和国企业所得税月（季）度预缴纳税申报表〉等报表的公告》（国家税务总局公告 2011 年第 64 号）

《企业所得税纳税人涉税事项附送税务师事务所等涉税专业服务机构鉴证业务报告的公告》（国家税务总局公告 2012 年第 2 号）第二条第四款：当年弥补亏损的纳税人，可附送所弥补亏损年度亏损额的鉴证报告，以前年度已就亏损额附送过鉴证报告的不再重复附送。

（三）问题 3

1. 融通资金的范围是大于借贷资金吗？融通资金包括计息预付款和延期预付款，这两项内容是否也按照占实收资本的 50% 来判断是否有关联关系吗？

2. 经营控制、劳务活动控制、购销控制是什么？是否是在不满足股份控制、人员控制的情况下，如果满足了经营控制、购销控制和劳务活动控制，就构成了税法上的关联关系？那么什么情况下才能达到"控制"，有什么判断的依据？

[问题答复]

1. 资金融通是指在经济运行过程中，资金供求双方运用各种金融工具调节资金盈余的活动。融资方式包括向内和向外两种。其中向外融资方式包括：发行股票、发行债券、向银行借款，公司获得的商业信用、融资租赁等。而借贷资金只是企业向外融资过程中，债权人向融资企业提供资金的一种方式，因此，融通资金比借贷资金范围更宽泛。

目前税法判定是否存在关联关系的条件中未针对融通资金中的计息预付款和延期预付款做出具体量化的规定。但是税务机关在税收执法过程中，对税法尚未做出具量化规定的征纳事项是享有一定选择余地的处置权力的（即自由裁量权），税务机关会依据相关法律对征纳事项做出主观判定。针对税务机关享有的自由裁量权，纳税人应就征纳事项与税务机关进行沟通。

2. 经营控制，是指一方的生产经营活动必须由另一方提供的工业产权、专有技术等特许权才能正常进行。例如：M企业在日常经营活动中，需要使用N企业的专有技术才能完成商品生产，因此，我们认为N企业对M企业是具有生产经营控制力的。

购销控制，是指一方的购买或销售活动主要由另一方控制。例如：O企业在生产产品过程中需要购买的原材料由P企业提供，因此，我们认为P企业对O企业是具有购销控制力。但如果O企业与F企业构成供应关系，同时也与除P企业以外的其他任何第三方构成供应关系，则我们认为O企业与P企业不具有购销控制力。

根据税法相关规定，满足关联方存在条件之一的就判定为存在关联关系。税务机关判定是否存在关联关系时，股份控制及人员控制是判定是否存在关联关系的条件之一，除此之外还会考虑其他因素，如一方的生产经营活动、购销和劳务活动是否受另一方的控制或实质性控制，如果满足上述条件，也会构成税法上的关联关系。

[政策依据]

《特别纳税调整实施办法（试行）的通知》（国税发〔2009〕2号）第九条：所得税法实施条例第一百零九条及征管法实施细则第五十一条所称关联关系，主要是指企业与其他企业、组织或个人具有下列之一关系：（1）一方直接或间接持有另一方的股份总和达到25%以上，或者双方直接或间接同为第三方所持有的股份达到25%以上。若一方通过中间方对另一方间接持有股份，只要一方对中间方持股比例达到25%以上，则一方对另一方的持股比例按照中间方对另一方的持股比例计算；（2）一方与另一方（独立金融机构除外）之间借贷资金占一方实收资本50%以上，或者一方借贷资金总额的10%以上是由另一方（独立金融机构除外）担保；（3）一方半数以上的高级管理人员（包括董事会成员和经理）或至少一名可以控制董事会的董事会高级成员是由另一方委派，或者双方半数以上的高级管理人员（包括董事会成员和经理）或至少一名可以控制董事会的董事会高级成员同为第三方委派；（4）一方半数以上的高级管理人员（包括董事会成员和经理）同时担任另一方的高级管理人员（包括董事会成员和经理），或者一方至少一名可以控制董事会的董事会高级成员同时担任另一方的董事会高级成员；（5）一方的生产经营活动必须由另一方提供的工业产权、专有技术等特许权才能正常进行；（6）一方的购买或销售活动主要由另一方控制；（7）一方接受或提供劳务主要由另一方控制；（8）一方对另一方的生产经营、交易具有实质控制，或者双方在利益上具有相关联的其他关系，包括虽未达到本条第（一）项持股比例，但一方与另一方的主要持股方享受基本相同的经济利益，以及家族、亲属关系等。

（四）问题 4

A 集团公司与某信托公司签订股权收益权转让及回购合同，主要内容及方式：A 集团公司将房地产子公司 E 公司 100％ 股权转让给信托公司作价 2 亿元，利息约定 4,200 万元，期限 2013 年 4 月 15 日至 2015 年 4 月 14 日（2 年），年利率折算：10.5％。股权收益权回购总价 2.42 亿元，合同约定：2013 年 12 月 31 日支付溢价款 1,500 万元，2014 年 4 月 14 日支付溢价款 600 万元，2014 年 12 月 31 日支付溢价款 1,500 万元，回购期限届满日，剩余溢价款 600 万元随回购款本金一并支付。在此业务背景下，A 集团公司咨询如下问题：

1. 上述融资方式发生的成本 4200 万元能否在企业所得税前扣除？

2. 房地产子公司 E 公司如何处理该笔利息支出？

[问题答复]

1. 由于信托融资的特殊性，无法采用借款付息方式，故采用"股权售后回购"方式。信托公司不参与房地产公司的经营管理，不承担经营风险，取得固定的回报。《企业会计准则——基本准则》第十六条规定："企业应当按照交易或者事项的经济实质进行会计确认、计量和报告，不应仅以交易或者事项的法律形式为依据。"

《国家税务总局关于确认企业所得税收入若干问题的通知》（国税函〔2008〕875 号）规定："采用售后回购方式销售商品的，销售的商品按售价确认收入，回购的商品作为购进商品处理。有证据表明不符合销售收入确认条件的，如以销售商品方式进行融资，收到的款项应确认为负债，回购价格大于原售价的，差额应在回购期间确认为利息费用。"根据该规定，A 集团公司转让 E 公司股权，不确认股权转让所得，回购价大于原售价的差额 4,200 万元作为利息费用在 A 集团公司扣除。由于信托公司属于金融企业，根据《企业所得税法实施条例》第三十八条规定，非金融企业在生产经营活动中发生的向金融企业借款的利息支出可以扣除。

2.《房地产开发经营业务企业所得税处理办法》（国税发〔2009〕31 号）第二十一条规定，企业的利息支出按以下规定进行处理：

（1）企业为建造开发产品借入资金而发生的符合税收规定的借款费用，可按企业会计准则的规定进行归集和分配，其中属于财务费用性质的借款费用，可直接在税前扣除。

（2）企业集团或其成员企业统一向金融机构借款分摊集团内部其他成员企业使用的，借入方凡能出具从金融机构取得借款的证明文件，可以在使用借款的企业间合理的分摊利息费用，使用借款的企业分摊的合理利息准予在税前扣除。

另外，由于适用统借统还营业税政策，因此，A 集团公司从子公司 E 公司取得的利息收入不征营业税。

［政策依据］

（1）《国家税务总局关于确认企业所得税收入若干问题的通知》（国税函〔2008〕875 号）；

（2）《房地产开发经营业务企业所得税处理办法》（国税发〔2009〕31 号）。

案例 2 - 3　某快递有限责任公司税务咨询案例

尤尼泰（北京）税务师事务所有限公司　李海峰

一、企业基本情况

某快递有限责任公司(以下简称公司或本公司)于 1996 年 11 月 8 日在工商行政管理局登记注册，取得企业法人营业执照。公司注册资本 26,756 万元。

该公司属物流运输行业。经营范围为：商务文件、资料、印刷品（不含信件）、小件包裹的国际、国内航空快件运输业务；国际、国内航空货运包机；租机业务；货物进出口代理报关业务；空运货物包装；保税仓储、地面运输业务；国际、国内航空客运销售和货运代理业务。提供主要劳务内容为快递运输。

二、调研背景

物流运输行业"营改增"已经近三年时间，企业的相关财务核算制度已运行相对成熟，但是由于经营业务的特殊性质，以及税收法规存在未明确规定的情形，现企业提出以下服务需求：

1. 对现有增值税涉税业务进行业务梳理；

2. 根据现行的法律法规相关规定对现有业务明确各项税率；

3. 查找现有业务存在的涉税风险点及提出解决方案。

三、企业经营项目

国内运输收入为境内自有车辆运输等相关服务收入。

国内物流收入主要是自有车辆的门到门业务，快递业务（税率原因导致科目名称不一致）收入。

分公司外延伸收入为分公司对外延伸收入。

分公司内延伸收入为所在分公司替其他分公司做派送服务。

集团外延伸收入是负责从航空进港提货服务收入。

国际普货业务收入是由于快递客户涉及国际业务，有国际和国内收入，分开核算，但是国际收入和国内收入开同一张票，分开核算。

国内门到门业务收入实质同国内物流收入，没有单独核算运输和劳务收入。

国内港到港业务收入是从所在地机场到对方机场运输，为航空公司报价基础上加成，主要是劳务收入。

报关业务收入是替客户报关和市内运输，大部分为报关收入，有短途的外省市收入。

仓储业务收入是提供仓储服务收入。

其他业务收入是办公楼出租的物业费、网费、水电费。

四、重点分支机构 2013、2014 年度收入纳税分析

重点分支机构 2013、2014 年度收入情况如下图：

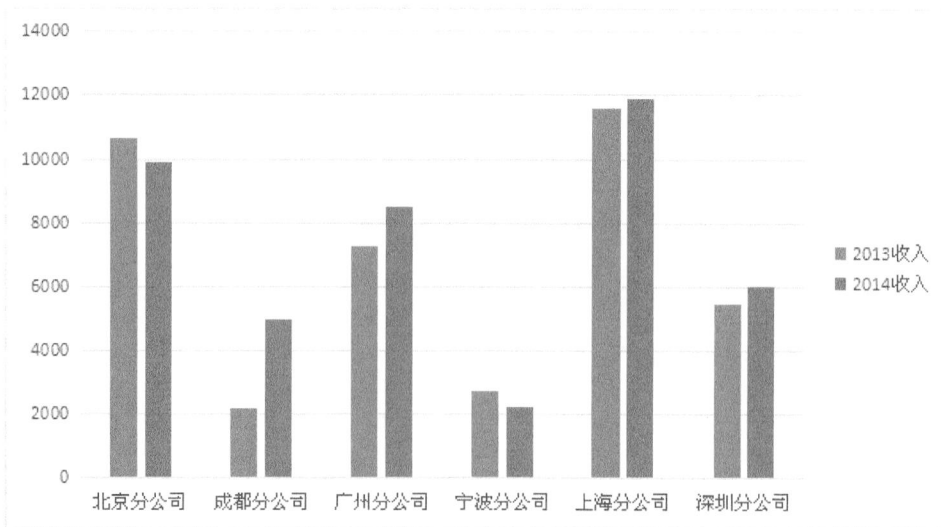

单位：万元

重点分支机构 2013、2014 年度纳税情况如下图：

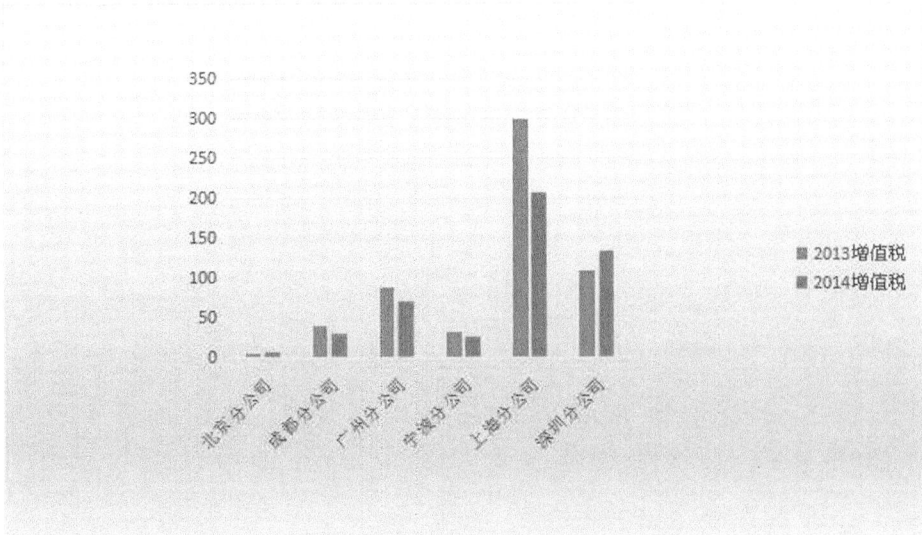

单位：万元

重点分支机构 2013、2014 年度税负情况如下图：

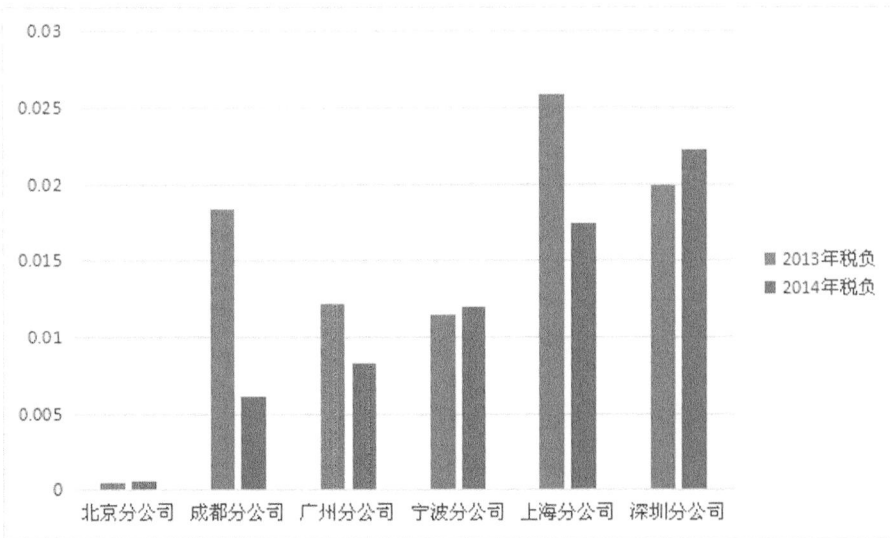

经过对以上数据的对比，可以总结出以下几方面的情况：

1.同等收入规模的分支机构，税负差别明显。如北京公司与上海公司。

2.收入逐年递增，增值税税负明显下降。如成都公司与上海公司。

3.收入逐年递增，增值税税额递增，增值税税负也出现递增情况。如深圳公司。

在公司业务未发生重大变化，税收征管环境未发生明显变化的情况下，同一总公司下属的不同的分支机构产生以上三种情形是属于非常不正常的情况，经过对分公司的访谈，分析出造成以上情况的原因主要是混业经营行为。同一业务适用不同税率，由于交通运输与物流辅助服务存在税率差异，因此造成各分公司增值税税负出现重大差异。

五、企业存在的主要问题

（一）关于混业经营

在审核过程中，发现该公司在提供运输服务过程中同时提供应税劳务，即为客户提供一揽子的服务，该项服务包括：陆路运输服务、航空运输服务、部分现代服务业中的物流辅助业务，这种情况属于税法规定的混业经营行为，该公司对于混业经营行为没有很好的进行分开核算并且问题在各个分公司中普遍存在，存在很大的税务风险。

（二）文件依据

对于混业经营，国家税务总局在《财政部国家税务总局关于将铁路运输和邮政业纳入营业税改征增值税试点的通知》（财税〔2013〕106 号）中有明确规定，如果试点纳税人兼有不同税率或者征收率的销售货物、提供加工修理修配劳务或者应税服务的，应当分别核算适用不同税率或者征收率的销售额，未分别核算销售额的，按照以下方法适用税率或者征收率：

1.兼有不同税率的销售货物、提供加工修理修配劳务或者应税服务的，从高适用税率。

2．兼有不同征收率的销售货物、提供加工修理修配劳务或者应税服务的，从高适用征收率。

3．兼有不同税率和征收率的销售货物、提供加工修理修配劳务或者应税服务的，从高适用税率。

六、解决方案

从上述规定可以看出，该公司应该在合同制定的时候就分开核算陆路运输服务、航空运输服务及部分现代服务业中的物流辅助业务，同时对陆路运输服务、航空运输服务及部分现代服务业中的物流辅助业务进行准确的分开核算，如果不能进行很好地区分及分开核算，由于陆路运输服务、航空运输服务适用11%增值税税率，而部分现代服务业中的物流辅助业务适用6%的增值税税率，则可能被税务机关要求所有的业务均按照11%来缴纳增值税，会大大提高公司的增值税税负，影响公司的利润，给公司带来损失。

七、操作方案

1.合同签订，明确服务内容和相关服务价格，做到各项服务收费标准明确，服务内容符合相关规定的范围。

2.订单处理，接受订单根据提供服务的不同内容，在同一订单下体现不同服务内容的构成。

3.成本核算，将对应不同服务内容发生的成本单独核算，并且做到能够可靠计量。

4.收入核算，针对同一项目下，适用不同税率的内容应使用单独科目管理，做到单独核算。

5.结算单处理，在开具结算单据时应根据不同服务内容单独体现各项服务的单价、数量、总价等信息。

6.发票处理，对同一项目涉及不同税率的服务内容开具发票时，应根据不同服务内容的收费情况，分别开具发票，不能选择某一项服务内容的税率进行统一开具（增值税发票在同一张发票中可以体现多种税率）。

案例 2 - 4 某保险公司税务咨询案例

尤尼泰（北京）税务师事务所有限公司　朱淑云 李永红

一、案例背景

某保险公司总部设在某省会城市，2013 年总部迁往北京，2013 年之前公司一直亏损，2013 年度公司开始盈利，弥补完亏损后 2013 年公司需缴纳企业所得税 1,000 万元。公司总部与我所洽谈，希望我们做相应的税务咨询服务方案，降低税务风险。

二、基本情况

公司总部财务部负责全公司的税务工作，主要有：1. 营业税各机构就地申报，公司总部本级在其主管税务机关主要就投资类业务缴纳营业税；各分支机构在其当地各自申报缴纳，各分支机构的收入主要是取得的保费收入，该保费收入符合营业税免税政策，采用的是先征后退；2. 企业所得税由公司总部统一做汇算清缴，分支机构在当地按总公司提供的分配表在当地预缴，总公司财务部负责填报，各分公司不参与汇算清缴工作。

三、服务过程

按照该保险公司与我公司的约定，我们对该保险公司提供日常税务咨询和企业所得税汇算清缴工作。首先，我们对该保险公司进行了企业所得税汇算清缴审核工作，其中对其总部以及广州、杭州、北京等分公司实施现场税务审计，其他 12 家分公司采用表审的方式。在保险公司总部财务部及分公司财务部等部门的大力支持下，我们完成了企业所得税汇算清缴工作，出具了企业所得税汇算清缴报告，同时，为企业进行了税务诊断，提交税务管理建议书。税务管理建议书是基于年度企业所得税汇算清缴工作发现的问题提出的，不包括保险公司可能存在的所有税务问题。这份税务改进建议书的目的仅为保险公司的董事会、管理层及公司内部其他有关人士提供信息之用。

四、审核中发现的问题分析及应对

由于我们审核时间较短，我们可能未能关注该公司全部的业务核算及涉税情况。以下只就我们检查时重点关注的情况予以列示：

（一）业务推动费的核算内容及税收问题

1. 涉税问题描述

本次审核中，我们注意到该公司的销售费用——业务推动费核算的内容如下：（1）以客户为激励对象，以获取新业务为主要目的的各种活动所发生的费用，如各种产品说明会、客户联谊会、路演等；（2）培训及会议，指以培训、会议为主要内容，业务启动会、业务策划会，包括交通费、住宿费、场地费、讲师费、餐饮等；（3）旅游活动，指以国内外旅游为主要内容，与业务人员业绩挂钩的费用，包括交通费、住宿费、旅游团费、餐饮等；（4）业务推动，指以业务人员为激励对象的，与其业绩挂钩的各种货币、实物（包括餐饮）奖励，不包括旅游奖励；（5）其他业务推动，指以业务人员为激励对象的，但不与业务人员业绩挂钩的各种小型激励活动所发生的各种费用，如与代理人餐饮、ADM招待、茶话会、早会、联谊会、庆生会等活动中发生的费用。

2. 我们的分析与建议

以上核算内容分析，（1）、（2）、（5）项虽然激励对象也是业务人员，但实际上并未有货币、实物受益到每个人，而第（3）、（4）项具体受益人是业务代理人员。因业务代理人员与该公司签订的是劳务合同，因此代理人员来自该公司的所有受益包括货币、实物均应视为劳务所得。

正确区分劳务合同与劳动合同，如以上支出对象签订的劳动合同是具有雇佣关系的可按工资薪金核算；如果签订的劳务合同，根据业务内容的实质，对与业务人员业绩挂钩的各种货币、实物、旅游等支出应在佣金科目中核算。

3. 税收政策

《国家税务总局关于印发〈征收个人所得税若干问题的规定〉的通知》（国税发〔1994〕89号）第十九条规定，关于工资、薪金所得与劳务报酬所得的区分问题：工资、薪金所得是属于非独立个人劳务活动，即在机关、团体、学校、部队、企事业单位及其他组织中任职、受雇而得到的报酬；劳务报酬所得则是个人独立从事各种技艺、提供各项劳务取得的报酬。两者的主要区别在于，前者存在雇佣与被雇佣关系，后者则不存在这种关系。

《中华人民共和国个人所得税法实施条例》第八条规定，税法第二条所说的各项个人所得的范围：

（一）工资、薪金所得，是指个人因任职或者受雇而取得的工资、薪金、奖金、年终加薪、劳动分红、津贴、补贴以及与任职或者受雇有关的其他所得。

（四）劳务报酬所得，是指个人从事设计、装潢、安装、制图、化验、测试、医疗、法律、会计、咨询、讲学、新闻、广播、翻译、审稿、书画、雕刻、影视、录音、录像、演出、表演、广告、展览、技术服务、介绍服务、经纪服务、代办服务以及其他劳务取得的所得。

（二）提存准备金——律师费、诉讼费、损失检验费、相关理赔人员薪酬等准备金的涉税问题

1. 涉税问题描述

该公司2014年提取寿险责任准备金，包括：提存已求偿未决赔款准备金、提存未求偿未决赔款准备金、提存理赔费用准备金-律师费、提存理赔费用准备金-

损失检查费、提存理赔费用准备金-诉讼费、提存寿险责任准备金。

理赔费用准备金，是未决赔款准备金的一部分，根据企业会计准则第 25 号和《保险法》的要求，新增该准备金内容，即需对非寿险保险事故已发生尚未结案的赔案可能发生的律师费、诉讼费、损失检验费、相关理赔人员薪酬等费用提取的准备金。

2．我们的分析与建议

目前税法规定可以扣除的准备金：保险公司按国务院财政部门的相关规定提取的未到期责任准备金、寿险责任准备金、长期健康险责任准备金、已发生已报案未决赔款准备金和已发生未报案未决赔款准备金，准予在税前扣除。即对非寿险保险事故已发生尚未结案的赔案可能发生的律师费、诉讼费、损失检验费、相关理赔人员薪酬等费用提取的准备金并未在税法规定提取准备金的范围内。

经沟通，企业的理赔费用准备金-律师费、诉讼费、损失检验费、相关理赔人员薪酬等费用提取的准备金实质内容均是指保险人为非寿险保险事故已发生尚未结案的赔案提取的准备金。

我们认为这样进行财务核算会有不被税务机关认可的涉税风险，或者会有税务检查时被处罚的风险，因此建议在核算内容上要准确反映经济业务的实质，规避涉税风险。

3．税收政策

《财政部、国家税务总局关于保险公司准备金支出企业所得税税前扣除有关政策问题的通知》（财税〔2012〕45 号）规定：保险公司按国务院财政部门的相关规定提取的未到期责任准备金、寿险责任准备金、长期健康险责任准备金、已发生已报案未决赔款准备金和已发生未报案未决赔款准备金，准予在税前扣除。

未到期责任准备金、寿险责任准备金、长期健康险责任准备金依据经中国保监会核准任职资格的精算师或出具专项审计报告的中介机构确定的金额提取。

未到期责任准备金,是指保险人为尚未终止的非寿险保险责任提取的准备金。

寿险责任准备金,是指保险人为尚未终止的人寿保险责任提取的准备金。

已发生已报案未决赔款准备金,是指保险人为非寿险保险事故已经发生并已向保险人提出索赔、尚未结案的赔案提取的准备金。

已发生未报案未决赔款准备金,是指保险人为非寿险保险事故已经发生、尚未向保险人提出索赔的赔案提取的准备金。

(三)个税返还的财税处理

1. 涉税问题描述

审核中我们注意到有分公司将收到个税手续费返还款在往来款中核算,经与财务人员沟通,此部分返还款计划不再发给职工,因此暂时在往来款中核算。

2. 我们的分析与建议

企业取得的个税手续费返还收入,构成企业所得税应税收入,应并入取得当年的企业所得税应纳税所得额计算缴纳企业所得税。若取得的手续费返还收入在取得当年全部用于代扣代缴工作的管理性支出和奖励有关工作人员等,则不影响当年的应纳税所得额,并且个人取得该笔手续费的个人所得税属于免税范围。

我们建议该公司统一该业务处理口径,按税法的规定,在企业取得该项手续费返还后作应税收入,再按两种用途在费用中列支,一种是用于代扣代缴工作的管理性支出,另一种是用于奖励有关工作人员。

3. 税收政策

《中华人民共和国企业所得税法》第六条规定,企业以货币形式和非货币形式从各种来源取得的收入为收入总额。

《财政部国家税务总局中国人民银行关于进一步加强代扣代收代征税款手

续费管理的通知》（财行〔2005〕365号）规定："三代"单位所取得的手续费收入应该单独核算，计入本单位收入，用于"三代"管理支出，也可以适当奖励相关工作人员。

《国家税务总局关于代扣代缴储蓄存款利息所得个人所得税手续费收入征免税问题的通知》（国税发〔2001〕31号）第二条规定，储蓄机构内从事代扣代缴工作的办税人员取得的扣缴利息税手续费所得免征个人所得税。

《财政部国家税务总局关于个人所得税若干政策问题的通知》（财税字〔1994〕20号）第二条规定，下列所得，暂免征收个人所得税：（五）个人办理代扣代缴税款手续，按规定取得的扣缴手续费。

（四）捐赠支出

1. 涉税问题描述

我们在审计过程中注意到，该分公司在会议费科目中列支赞助性支出，并未取得《公益性捐赠统一票据》。

2. 我们的建议

进行捐赠时应尽量通过公益性社会团体或者县级以上人民政府及其部门进行捐赠，并取得相应的公益性捐赠票据或者《非税收入一般缴款书》收据联，并加盖印章。

3. 政策法规

《中华人民共和国企业所得税法》第十条规定，在计算应纳税所得额时，下列支出不得扣除：……（六）赞助支出……。

《财政部国家税务总局民政部关于公益性捐赠税前扣除有关问题的补充通知》（财税〔2010〕45号）第一条规定，企业或个人通过获得公益性捐赠税前扣除资格的公益性社会团体或县级以上人民政府及其组成部门和直属机构，用于公益事业的捐赠支出，可以按规定进行所得税税前扣除。县级以上人民政府及其组成部门和直属机构的公益性捐赠税前扣除资格不需要认定。

（五）业务宣传费相关证明资料问题

1．涉税问题描述

审核中我们注意到该公司在管理费用-客服活动费、广告费、销售费用-业务推动费中均有礼品支出。对于未印有企业的 LOGO，并且金额较大的礼品，不属于合理性的广告宣传品及业务招待费，按照非公益救济性捐赠处理，不得在所得税前扣除。

企业在经营活动中作为宣传品给客户的礼品，如礼品未标记公司有关标识、如商标、公司名称、电话号码或者仅有包装袋或包装盒上印有公司 logo 的产品，单价金额较高，无法证明其直接发挥的业务宣传作用，存在不被税务机关认可的税收风险。

2．我们的建议

购入礼品或专门制作礼品，应有本公司有关标识，如商标、公司名称、电话号码等，按照业务宣传费的有关规定进行税前扣除，并应提供证据证明其与企业业务宣传有关。其礼品金额的大小也应有合理的范围，如购物袋、遮阳伞、各类纪念品等印有企业标志的宣传物品。宣传品在"营业费用——业务宣传费"科目核算。

对于一次性消耗的礼品，如月饼、食品等，在"管理费用——业务招待费"科目核算，对于大额的礼品，如 ipad 等，非普及性不合理的礼品作为非公益救济性捐赠处理。

3．政策法规

《中华人民共和国企业所得税法实施条例》第四十四条规定，企业发生的符合条件的广告费和业务宣传费支出，除国务院财政、税务主管部门另有规定外，不超过当年销售（营业）收入 15% 的部分，准予扣除；超过部分，准予在以后纳税年度结转扣除。

（六）商业保险的税收规定

1．涉税问题描述

我们在审计过程中发现，该公司福利费中列支的员工团体险、商业保险 6,279,558.53 元，开具的保险业发票上显示的保险类别不是"补充医疗保险"品种，不得在企业所得税税前扣除。

2．我们的建议

该公司为全体员工购买补充医疗保险前，应要求保险公司提供保监会或其他保险管理机构关于"补充养老保险"产品的批复文件。只有在经国家相关管理部门审批、具有补充医疗保险管理资质的保险机构购买"补充医疗保险"产品，才能按照税法规定，在企业所得税税前扣除。其他商业性保险均不得在所得税前扣除。

3．税收政策

（1）《中华人民共和国企业所得税法实施条例》（中华人民共和国国务院令第 512 号）第三十五条规定，企业依照国务院有关主管部门或者省级人民政府规定的范围和标准为职工缴纳的基本养老保险费、基本医疗保险费、失业保险费、工伤保险费、生育保险费等基本社会保险费和住房公积金，准予扣除。

企业为投资者或者职工支付的补充养老保险费、补充医疗保险费，在国务院财政、税务主管部门规定的范围和标准内，准予扣除。

（2）《财政部国家税务总局关于补充养老保险费补充医疗保险费有关企业所得税政策问题的通知》（财税〔2009〕27 号）规定，自 2008 年 1 月 1 日起，企业根据国家有关政策规定，为在本企业任职或者受雇的全体员工支付的补充养老保险费、补充医疗保险费，分别在不超过职工工资总额 5%标准内的部分，在计算应纳税所得额时准予扣除；超过的部分，不予扣除。

（七）发票取得有待规范

1．涉税问题描述

（1）部分费用未取得税法规定的合法有效凭证，如某分公司取得军队收据，讲师费未到税务局代开发票等；上海、河北、山西、山东分公司均有发票不合规事项。

（2）发票未填写付款单位或者付款单位填写为"个人"或名称不全等现象，如：浙江：管理——差旅及招待——汽车使用费发票抬头为个人（张三）。

（3）该公司本年度发生支付给客户、营销人员的佣金均未取得合规的票据。

根据发票管理的相关规定，不符合规定的票据，不得作为财务报销凭证，任何单位和个人有权拒收。如果企业以不符合规定的票据作为财务报销的凭证，税务检查人员可能判定为不合规票据，并要相应进行税务处理。

2．我们的建议

纳税人与军队、事业单位发生有偿相关经济业务，应取得其在税务机关领购的发票作为报销凭证。对取得的未按规定开具的票据，根据《发票管理办法》第二十二条的规定，不符合规定的票据，不得作为财务报销凭证，任何单位和个人有权拒收。

建议该公司严格按照《发票管理办法》、《发票管理办法实施细则》等法规规定，取得合法合规票据入账，以降低税务风险。主要注意以下几点：

（1）发生业务支出时必须向对方索取发票，审核发票的种类是否合规、付款单位名称是否为本单位全称、发票开具项目是否齐全、是否变更商品名称等。

（2）报销时检查是否在规定的时限内开具发票，跨期发票不能在当期税前扣除。

（3）在民事案件受理时，法院开具诉讼费专用票据（预收），此诉讼费为预提费用，未真实发生。待案件审理后判决，法院向败诉方收取诉讼费，法院开具《人民法院诉讼收费专用票据（结算）》，企业凭此结算票据，才能在企业所得税税前扣除。

3．税收政策

（1）《国家税务总局关于印发〈进一步加强税收征管若干具体措施〉的通知》（国税发〔2009〕114号）第六条规定，未按规定取得的合法有效凭据不得在税前扣除。

（2）《国家税务总局关于进一步加强普通发票管理工作的通知》（国税发〔2008〕第080号）第八条第二款规定，在日常检查中发现纳税人使用不符合规定发票特别是没有填开付款方全称的发票，不得允许纳税人用于税前扣除、抵扣税款、出口退税和财务报销。对应开不开发票、虚开发票、制售假发票、非法代开发票，以及非法取得发票等违法行为，应严格按照《中华人民共和国发票管理办法》的规定处罚；有偷逃骗税行为的，依照《中华人民共和国税收征收管理法》的有关规定处罚；情节严重触犯刑律的，移送司法机关依法处理。

（3）《中华人民共和国发票管理办法》（中华人民共和国国务院令第587号）规定：

第二十条　所有单位和从事生产、经营活动的个人在购买商品、接受服务以及从事其他经营活动支付款项，应当向收款方取得发票。取得发票时，不得要求变更品名和金额。

第二十一条　不符合规定的发票，不得作为财务报销凭证，任何单位和个人有权拒收。

第二十二条 开具发票应当按照规定的时限、顺序、栏目,全部联次一次性如实开具,并加盖发票专用章。

(4)《中华人民共和国发票管理办法实施细则》(国家税务总局令第25号)规定:

第二十五条 向消费者个人零售小额商品或者提供零星服务的,是否可免予逐笔开具发票,由省税务机关确定。

第二十八条 单位和个人在开具发票时,必须做到按照号码顺序填开,填写项目齐全,内容真实,字迹清楚,全部联次一次打印,内容完全一致,并在发票联和抵扣联加盖发票专用章。

(5)《国家税务总局关于印发〈全国普通发票简并票种统一式样工作实施方案〉的通知》(国税发〔2009〕142号)规定:票种设置按照发票的填开方式,将发票简并为通用机打发票、通用手工发票和通用定额发票三大类。发票名称为"XX省XX税务局通用机打发票"、"XX省XX税务局通用手工发票"、"XX省XX税务局通用定额发票"。各省、自治区、直辖市和计划单列市国家税务局、地方税务局可根据本地实际情况,在通用发票中选择本地使用的票种和规格。

《国家税务总局关于部队取得应税收入税收征管问题的批复》(国税函〔2000〕466号)文件规定,根据《中华人民共和国发票管理办法》规定的"销售商品、提供服务以及从事其他经营活动的单位和个人,对外发生经营业务收取款项,收款方应当向付款方开具发票"。

(八)员工的通信费

1. 涉税问题描述

该公司总机构和各分公司为个人报销电话费和充值卡,此部分在费用中列支,未并入工资缴纳个人所得税。

2．我们的建议

公司为个人报销的电话费和充值卡税前不能扣除，建议将该部分货币化并入工资，作为通信补贴计入工资科目。

3．税收政策

《中华人民共和国企业所得税法》（中华人民共和国主席令第 63 号）第十条规定，与取得收入无关的支出在计算应纳税所得额时不得扣除。

（九）公司负担的个人所得税

1．涉税问题描述

该公司总机构和各分公司 2014 年度代员工缴纳应由员工负担的个人所得税。

2．我们的建议

建议应由员工负担的个人所得税由其个人负担或汇算时做纳税调整处理。

3．税收政策

《中华人民共和国企业所得税法》（中华人民共和国主席令第 63 号）第十条规定，与取得收入无关的支出在计算应纳税所得额时不得扣除。

五、税收筹划建议

经过本次审计，我们认为该公司比较重视税务方面的管理工作。该公司内部财务核算制度比较完善，请款手续和财务核算流程比较规范，能够严格执行请款手续和财务报销审批制度，且税务遵从度较好，与主管税务机关的关系能够保持良好和融洽。

同时，我们也发现，作为一个汇总纳税企业，该公司并未建立专门的税务风险管理制度，从税务岗位设置、责任到税务风险的识别、控制、应对、监督和改进等方面未作出更加有针对性和明确的规定。因此该公司税务风险控制尚缺乏全面性、系统性和有效性。

在业务管理层面，针对该公司的现状，结合该公司自身经营特点，我们提出如下建议：

1. 管理层应提高税收风险控制意识，加强事前税务风险控制。可制定专门的税务风险管理制度，确定税务风险点，对于各环节可能产生的税务风险提出控制要求。实行覆盖各个环节的全流程税务控制措施。在财务状况、经营成果及现金流情况的影响因素的分析中，充分考虑未来税负因素及可能面临的税务风险。

2. 应要求办税人员参与到比较重要的经济活动中，加强对税务风险管理的监督和改进，将税务风险控制工作提前，发挥办税人员与相关部门的协同作用，共同管理日常经营活动中的税务风险。定期对企业税务风险管理制度进行评估审核，并不断改进和优化。定期组织税务风险评估工作，对企业税务风险管理的有效性进行评价。

3. 通过这次所得税汇算清缴工作，我们发现各分公司相关人员的业务水平不一，随着经营规模和范围的不断扩大，该公司可定期对相关人员进行税务专业培训。各分公司相关人员应加强税收政策的学习，以便正确掌握相关计税依据，提高工作能力和质量。

4. 建立和完善税收政策的收集和更新工作，继续保持与主管税务机关的有效沟通，降低税收风险。

六、咨询服务体会

通过该项咨询服务，我们有很多给客户提供服务的切入点，特别是这种总分管理的机构，由于企业自身业务的复杂性及相关人员的业务水平，以及对税务风险的重视程度，给企业带来很大的税务隐患，需要我们协助企业进行依法合规纳税，并真正在业务前端进行税收筹划，降低企业的税务风险和税收负担，让客户认可我们的专业化服务。

案例 2 – 5　某房地产企业税务咨询案例

尤尼泰（北京）税务师事务所有限公司　杜美玲　赵杰

一、案例背景

2015 年 9 月，A 房地产集团与我所签订咨询服务协议，决定邀请我所为其集团做一次全面的涉税诊断。我所成立项目组，由 2 名注册税务师、2 名注册会计师和 2 名助理共 6 人组成，进驻 A 集团开展咨询服务工作。我所项目组人员通过对 2015 年的账簿、合同进行全面审核，对经营核算情况进行调查了解，对凭证采取抽查的形式，为 A 集团查找税收方面存在的问题和风险点，并针对现行核算体制，从税收方面进行规划和设计，实现税收利益最大化。

二、基本情况

A 集团是一家大型房地产集团，成立于 1995 年，注册资本 15.5 亿元。拥有建设部颁发的国家二级开发资质、甲级设计资质、国际一级物业服务资质。主要经营范围为：房地产开发、房地产租赁、销售商品房、物业管理等，是一家以房地产开发为龙头、集物业管理等为一体的综合大型企业集团，在全国各地有子公司 13 家。开发产品涉及住宅、商业、办公等，遍布全国 7 个城市。

三、服务过程

我所项目组进入 A 集团后第一周，对公司的内部控制、组织架构、机构设置、经营范围、核算形式、纳税申报情况进行了了解；第二周对账簿资料、经营合同、财务报表、纳税申报表进行了全面审核；第三、四周对凭证进行了抽查，抽查量占 30% 以上。项目组每天都利用晚上时间进行汇总讨论，对存有疑点的问题共同分析。第二天再与企业相关人员确认核实。每周将查找到的问题汇总，向所里负责质量监控的总控组汇报，以保证质量和工作进度。

经过一个月的时间，项目组对存在的问题基本梳理清楚，每人首先对各自负责的部分提出意见和咨询建议。由项目组负责人汇总后，起草初步的项目建议书。

经过五次修改，并经所里总控组审核确认，形成咨询建议书。第五周，与企业财务部门沟通，听取意见，并对相关问题进一步核实确认。并将取得的证据材料签字盖章。第六周，将修改后形成的咨询意见与 A 集团管理层沟通，获取《管理层声明书》和《与客户交换意见书》。然后，经过审核程序，通过我所信息管理系统出具了正式的税收咨询项目建议书，并得到了 A 集团管理层的认可。历时 42 天，项目工作基本完成。

四、审核中发现的问题

（一）营业税

1. 订金及部分预收款未缴纳营业税

项目组成员在查阅 A 集团 2015 年账簿及合同时发现，其下属 3 家房地产企业收到的部分客户订金或预收款项 2.84 亿元，未及时申报缴纳营业税及附加。

根据《中华人民共和国营业税暂行条例》（国务院令第 540 号）第十二条第一款规定，营业税纳税义务发生时间为纳税人提供应税劳务、转让无形资产或者销售不动产并收讫营业收入款项或者取得索取营业收入款项凭据的当天。

根据《中华人民共和国营业税暂行条例实施细则》（财政部国家税务总局第 52 号令）第二十五条第一款规定，纳税人转让土地使用权或者销售不动产，采取预收款方式的，其纳税义务发生时间为收到预收款的当天。

此项造成少缴纳营业税金及附加 1590.40 万元。

2. A 集团下属子公司之间资金借款利息收入未缴纳营业税

项目组成员在查阅 A 集团下属几家子公司 2015 年账簿及合同时发现，2015 年 A 集团与下属子公司签订借款合同，利息收入金额 6,000 万元，未缴纳营业税。

根据《国家税务总局关于印发〈营业税问题解答之一〉的通知》(国税函发〔1995〕156 号)文件第十条规定:"贷款属于金融保险业税目的征税范围,而贷款是指将资金贷与他人使用的行为,根据这一规定,无论金融机构还是其他单位,只要是发生将资金贷与他人使用的行为,均应视为发生贷款行为,按金融保险业税目征收营业税。"根据这一规定,贷款属于"金融保险业"税目的征收范围,而贷款是将资金贷与他人使用的行为,不论金融机构还是其他单位,只要是发生将资金贷与他人使用的行为,均应视为发生贷款行为,按"金融保险业"税目征收营业税。计税依据为收取的利息或资金占用费,税率为 5%。

此项造成 A 集团少缴纳营业税金及附加 336 万元。

(二)房产税

1. 消防喷淋设备未并入房产原值缴纳房产税

项目组成员在查阅 A 集团下属某子公司 2015 年账务时,发现购买的消防喷淋设备款计入长期待摊费用,并未计入房产原值缴纳房产税。

根据《国家税务总局关于进一步明确房屋附属设备和配套设施计征房产税有关问题的通知》(国税发〔2005〕173 号)规定:为了维持和增加房屋的使用功能或使房屋满足设计要求,凡以房屋为载体,不可随意移动的附属设备和配套设施,如给排水、采暖、消防、中央空调、电气及智能化楼宇设备等,无论在会计核算中是否单独记账与核算,都应计入房产原值,计征房产税。

A 集团各公司房屋消防设施均未并入房产原值缴纳房产税。此项造成少纳房产税 6 万元。

2. 存货售出前房屋租赁收入未缴纳房产税

项目组成员在查阅 A 集团本部账务及合同时发现,A 集团本部建造的办公楼,于 2014 年 11 月完工,2015 年 9 月售出,售出前 10 个月内一直租赁给某单位使用,收取租金收入 500 万元。

根据《国家税务总局关于房产税、城镇土地使用税有关政策规定的通知》(国税发〔2003〕89 号)的规定，房地产开发企业开发的商品房在出售前，对房地产企业而言是一种产品，因此，对房地产开发企业建造的商品房，在售出前，不征收房产税；但对售出前房地产开发企业已使用或者出租、出借的商品房应按规定征收房产税。房地产开发企业自用、出租、出借本单位建造的商品房，自房屋使用或者交付之次月起计征房产税。因此，房地产开发企业将开发的地产项目转为自用时，应从使用的次月起申报缴纳房产税。

但截至 2015 年 10 月底，该单位未申报缴纳房产税。此项造成少缴纳房产税 60 万元。

(三) 企业所得税

1.项目组成员审阅 A 集团相关合同及福利制度时发现，A 集团为部分高级管理人员购买补充医疗保险 1,546 万元，并未给全体员工购买。

根据《财政部、国家税务总局关于补充养老保险费有关企业所得税政策问题的通知》(财税〔2009〕27 号)文件的规定，企业所得税可以按标准扣除的补充养老保险费、补充医疗保险费必须是全体员工都有的，只给部分员工缴纳不允许税前扣除。

建议 A 集团公司年底汇算清缴时，按实际支付的补充医疗保险金额，调增应纳税所得额。

2.A 集团支付离退休人员福利费用 2,056 万元。因为离退休人员支出属于统筹外费用，与生产经营无关，建议 A 集团年底汇算清缴时调增应纳税所得额。国家税务总局办公厅税总办函〔2014〕652 号文件《国家税务总局办公厅关于强化部分总局定点联系企业共性税收风险问题整改工作的通知》第一条做了明确：离退休人员的工资、福利等与取得收入不直接相关的支出的税前扣除问题，按照《中华人民共和国企业所得税法》第八条及《中华人民共和国企业所得税法实施条例》

第二十七条的规定，与企业取得收入不直接相关的离退休人员工资、福利费等支出，不得在企业所得税前扣除。

3.A集团D公司银行付款凭证记载，支付某建筑公司工程费350万元，记入开发成本科目，取得的发票抬头为A集团B公司。

经询问，该笔场地使用费是由B公司代D公司代垫款项，但由于票据开给了B公司。所以D公司在企业所得税前不能扣除。建议D公司换开票据。否则在年度汇算清缴时要调增应纳税所得额。

4.A集团公司开发产品-开发间接费中列支业务招待费285万元，建议应与其他业务招待费合并进行所得税纳税调整。

5.A集团工会经费支出258万元，未取得工会专用票据。

根据《中华人民共和国企业所得税法实施条例》（中华人民共和国国务院令第512号）第四十一条、《国家税务总局关于工会经费企业所得税税前扣除凭据问题的公告》（国家税务总局公告2010年第24号）第一条及《国家税务总局关于税务机关代收工会经费企业所得税税前扣除凭据问题的公告》（国家税务总局公告2011年第30号）文件的规定，建议A集团尽快索要工会专用票据，否则此笔费用将无法在企业所得税税前抵扣。

（四）印花税

1.A集团于2015年1月合并其全资子公司，A集团并没有重新进行法人登记，合并后的A集团就其资金账簿全部重新贴花。

根据《国家税务总局关于印花税若干具体问题的解释和规定的通知》（国税发〔1991〕155号）第九条规定：企业发生分立、合并和联营等变更后，凡依照有关规定办理法人登记的新企业所设立的资金账簿，应于启用时按规定计税贴花；凡毋需重新进行法人登记的企业原有的资金账簿，已贴印花继续有效。

所以，A集团只需就资金账簿中资本增值的部分贴花，此事项造成A集团多缴纳印花税。

2.子公司之间签订的租赁设备合同未贴印花税。

根据《国家税务总局关于企业集团内部使用的有关凭证征收印花税问题的通知》(国税函〔2009〕9号)规定,对于企业集团内具有平等法律地位的主体之间自愿订立、明确双方购销关系、据以供货和结算、具有合同性质的凭证,应按规定征收印花税。对于企业集团内部执行计划使用的、不具有合同性质的凭证,不征收印花税。经审核确认共应补缴印花税3.2万元。

(五)个人所得税

1.A集团向内部员工发放的购物卡未并入工资,代扣代缴个人所得税。

根据《个人所得税法实施条例》第八条规定:工资、薪金所得,是指个人因任职或者受雇而取得的工资、薪金、奖金、年终加薪、劳动分红、津贴、补贴以及与任职或者受雇有关的其他所得。第十条规定:个人所得的形式,包括现金、实物、有价证券和其他形式的经济利益。也就是说,企业向职工发放的除税法明确规定免税的奖励、津贴、补贴以外的各类收入都要缴纳个人所得税。

因此,单位为职工发放的节日补贴、购物卡等都应纳入工资、薪金总额,根据个人所得税法规定计算缴纳个人所得税。

2.A集团在房屋销售时,为吸引顾客,开展了一些促销活动,向购房人发放的电视机、自行车等礼品,没有代扣代缴个人所得税。

根据《关于企业促销展业赠送礼品有关个人所得税问题的通知》(财税〔2011〕50号)文件第二条规定:"企业在业务宣传、广告、年会、座谈会、庆典以及其他活动中,随机向本单位以外的个人赠送礼品,对个人取得的礼品所得,按照'其他所得'项目,全额适用20%的税率缴纳个人所得税,税款由赠送礼品的企业代扣代缴。"建议A集团补交应扣缴的个人所得税,并不能在所得税前扣除。

五、审核中发现的风险点

（一）房屋低价出售给内部员工存在涉税风险

项目组成员查阅售房合同清单发现，有几套房屋售价明显低于其他房屋价格。经与财务人员沟通，此部分房屋为单位以低价出售给内部员工。目前企业是按照实际售价为计税基数缴纳的营业税、预缴企业所得税、土地增值税。

1. 《中华人民共和国营业税暂行条例》第七条规定：纳税人提供应税劳务、转让无形资产或者销售不动产的价格明显偏低并无正当理由的，由主管税务机关核定其营业额。

2. 根据《中华人民共和国土地增值税暂行条例》（国务院令〔1993〕第138号）第九条规定：纳税人有下列情形之一的，按照房地产评估价格计算征收：（一）隐瞒、虚报房地产成交价格的；（二）提供扣除项目金额不实的；（三）转让房地产的成交价格低于房地产评估价格，又无正当理由的。

该条例第九条（三）项所称的转让房地产的成交价格低于房地产评估价格，又无正当理由，是指纳税人申报的转让房地产的实际成交价低于房地产评估机构评定的交易价，纳税人又不能提供凭据或无正当理由的行为。

3. 根据《财政部、国家税务总局关于单位低价向职工售房有关个人所得税问题的通知》（财税〔2007〕13号）规定：单位按低于购置或建造成本价格出售住房给职工，职工因此而少支出的差价部分，属于个人所得税应税所得，应按照"工资薪金所得"项目缴纳个人所得税。

根据以上税收政策，A集团在营业税、企业所得税、土地增值税上，其计税依据的确认上面，需要按相关税种的规定进行调整，即：

1. 营业税：根据《中华民共和国营业税暂行条例实施细则》规定：纳税人有价格明显偏低并无正当理由的，按下列顺序确定其营业额：（一）按纳税人最近时期发生同类应税行为的平均价格核定；（二）按其他纳税人最近时期发生同类应税行为的平均价格核定；（三）按下列公式核定：营业额=营业成本或者工程成本×（1＋成本利润率）÷（1-营业税税率）。

2．企业所得税：按照《国家税务总局关于印发〈房地产开发经营业务企业所得税处理办法〉的通知》的规定：企业将开发产品用于捐赠、赞助、职工福利、奖励、对外投资、分配给股东或投资人、抵偿债务、换取其他企事业单位和个人的非货币性资产：

（1）按本企业近期或本年度最近月份同类开发产品市场售价确定；

（2）由主管税务机关参照当地同类开发产品市场公允价值确定；

（3）按开发产品的成本利润率确定。开发产品的成本利润率不得低于15％，具体比例由主管税务机关确定。

3．土地增值税：依据《国家税务总局关于房地产开发企业土地增值税清算管理有关问题的通知》规定：房地产开发企业将开发产品用于职工福利、奖励、对外投资、分配给股东或投资人、抵偿债务、换取其他单位和个人的非货币性资产等，发生所有权转移时应视同销售房地产，其收入按下列方法和顺序确认：

（1）按本企业在同一地区、同一年度销售的同类房地产的成交价格确定；

（2）由主管税务机关参照当地当年、同类房地产的市场价格或评估价值确定。

4、个人所得税：单位按低于购置或建造成本价格出售住房给职工，职工因此而少支出的差价部分，属于个人所得税应税所得，单位应代扣代缴个人所得税。

（二）物业公司空调运行费存在缴纳税种错误风险

经审计，目前物业公司向商户收取的空调运行费收入开具服务业发票，向地税缴纳营业税。此项收入存在缴纳税种错误风险。

根据《中华人民共和国营业税暂行条例实施细则》第二条规定：条例第一条所称应税劳务是指属于交通运输业、建筑业、金融保险业、邮电通信业、文化体育业、娱乐业、服务业税目征收范围的劳务。而在《营业税税目注释》对八种服务业的项目规定中并未包括暖气、冷气，亦即营业税的税目注释并未将暖气、冷气界定为营业税的应税项目。

根据《国家税务总局关于物业管理企业的代收费用有关营业税问题的通知》（国税发〔1998〕217 号）文件中规定物业管理企业代有关部门收取水费、电费、燃（煤）气费、维修基金、房租的行为，属于营业税"服务业"税目中的"代理"业务，因此，对物业管理企业代有关部门收取的水费、电费、燃（煤）气费、维修基金、房租不计征营业税，对其从事此项代理业务取得的手续费收入应当征收营业税。该文件所列示代收费项目并未包含暖气费、中央空调收费，故物业公司提供热力服务、中央空调服务不应缴纳营业税。

《增值税部分货物征税范围注释》第四条、第五条对增值税的征税范围规定为：（四）暖气、热水是指利用各种燃料（如煤、石油、其他各种气体或固体、液体燃料）和电能将水加热，使之生成的气体和热水，以及开发自然热能，如开发地热资源或用太阳能生产的暖气、热气、热水。（五）冷气是指为了调节室内温度，利用制冷设备生产的，并通过供风系统向用户提供的低温气体。

通过对上述税务法规的理解，物业公司提供热力服务、中央空调服务应适用增值税的征税范围，适用 13% 税率。

六、税收咨询建议

（一）房产税筹划建议

房产出租的，房产税采用从租计征方式，以租金收入作为计税依据，按 12% 税率计征。对于出租方的代收项目收入，应当与实际租金收入分开核算，分开签订合同，从而降低从租计征的计税依据。

A 集团下属 B 房地产公司拥有一写字楼，配套设施齐全，对外出租。全年租金共 5,000 万元，其中含代收的物业管理费 400 万元，水电费为 600 万元。B 公司与承租方签订租赁合同，租金为 5,000 万元。应纳房产税＝5,000×12%＝600（万元）。

筹划方案：将各项收入分别由各相关方签订合同，如 B 公司与承租方签订房屋租赁合同，物业管理费由承租方与物业公司 C 签订合同，水电费按照承租人实际耗用的数量和规定的价格标准结算、代收代缴，则应纳房产税＝（5,000－400－600）×12%＝480（万元）。

按此筹划，则 A 集团可以少缴房产税 120 万元。

（二）企业所得税筹划建议

1. 利用纳税人和纳税义务的规定进行筹划

A 集团下属几个子公司经常处于亏损状态，个别子公司则盈利很多。

税法以公司法人为独立纳税单位，其中包括子公司，而分公司作为分支机构非法人，不具有独立纳税资格，其生产经营所得由总公司汇总缴纳企业所得税。

A 集团应该根据自己情况把部分亏损的子公司改变成分公司，使其失去独立纳税资格，就可以由总公司汇总缴纳企业所得税。这样做不仅可以使得各分公司间的收入、成本、费用相互弥补，实现均摊，而且避免各分公司出现税负严重不均的现象。

2. 充分利用小微企业税收优惠政策进行筹划

财税〔2015〕34 号文件规定：自 2015 年 1 月 1 日至 2017 年 12 月 31 日，对年应纳税所得额低于 20 万元(含 20 万元)的小型微利企业，其所得减按 50% 计入应纳税所得额，按 20% 的税率缴纳企业所得税。小型微利企业标准中的从业人数包括与企业建立劳动关系的职工人数和企业接受的劳务派遣用工人数。从业人数和资产总额指标，应按企业全年的季度平均值确定。

财税〔2015〕99 号文件规定：自 2015 年 10 月 1 日起至 2017 年 12 月 31 日，对年应纳税所得额在 20 万元到 30 万元（含 30 万元）之间的小型微利企业，其所得减按 50% 计入应纳税所得额，按 20% 的税率缴纳企业所得税。

前款所称小型微利企业，是指符合《中华人民共和国企业所得税法》及其实施条例规定的小型微利企业。

A 集团应该考虑调整企业的规模和人数以及应纳税所得额，当企业的规模较大时可以考虑分离为两个独立的纳税企业，使其符合小型微利企业的条件，减轻整体税负。

3. 利用国家税收优惠政策进行筹划

A 集团可以合理布局充分享受税收优惠政策。可以考虑在低税率的地区设立公司，例如，经济特区、经济技术开发区、沿海开发区等，企业不仅可以享受低税率优惠政策，还可以享受减免税优惠政策。A 集团也可以考虑在低税率西部地区设立子公司，把母公司的部分业务合理转移到子公司，使其适用 15% 的税率优惠政策，达到节税的目的，为企业节约生产成本和费用。

4. 充分利用固定资产加速折旧政策

根据《关于进一步完善固定资产加速折旧企业所得税政策的通知》（财税〔2015〕106 号）和《关于进一步完善固定资产加速折旧企业所得税政策有关问题的公告》（国家税务总局公告 2015 年第 68 号），A 集团可以按照政策规定，对于在 2015 年起新购进的固定资产，可以享受加速折旧政策，降低本年的应纳税所得额，从而实现税款的延期缴纳。

（三）营业税的筹划建议

A 集团作为房地产集团，需要向银行进行大量融资，如果利用统借统还政策，可以减少重复纳税。

《财政部、国家税务总局关于非金融机构统借统还业务征收营业税问题的通知》（财税字〔2000〕7 号）规定，对企业主管部门或企业集团中的核心企业等单位（以下简称统借方）向金融机构借款后，将所借资金分拨给下属单位（包括独立核算单位和非独立核算单位),并按支付给金融机构的借款利率水平向下属单位收取用于归还金融机构的利息不征收营业税。统借方将资金分拨给下属单位,不得按高于支付给金融机构的借款利率水平向下属单位收取利息,否则将视为具有从事贷款业务的性质,应对其向下属单位收取的利息全额征收营业税。

《国家税务总局关于贷款业务征收营业税问题的通知》(国税发〔2002〕13号)进一步规定,企业集团或集团内的核心企业(以下简称企业集团)委托企业集团所属财务公司代理统借统还贷款业务,从财务公司取得的用于归还金融机构的利息不征收营业税;财务公司承担此项统借统还委托贷款业务,从贷款企业收取贷款利息不代扣代缴营业税。

根据以上政策规定,A集团内部资金借款利息6,000万元如果符合统借统还政策,则可以节省营业税金及附加336万元。

(四)土地增值税筹划建议

A集团可以利用纳税临界点筹划法来降低土地增值税,即在经营中遇到税收临界点时,通过增减收入或支出,避免承担较重的税负。税法规定,纳税人建造普通标准住宅出售,增值额未超过扣除项目金额20%的,免征土地增值税;增值额超过扣除项目金额20%的,应就其全部增值额按规定计税。这里"20%的增值额"就是我们常说的"临界点"。根据临界点的税负效应,可以进行纳税筹划。如果A集团建造的普通标准住宅出售的增值率在20%这个临界点上,一是通过适当控制出售价格。销售收入下降了,而可扣除项目金额不变,增值率自然会降低。当然,这会带来另一种后果,即导致收入的减少,此举是否可取,就得比较减少的收入和控制增值率减少的税金支出的大小,权衡得失做出选择。二是增加可扣除项目金额。比如增加房地产开发成本、房地产开发费用等,使商品房的质量进一步提高。但是,在增加开发费用时,应注意税法规定的比例限制,开发费用的扣除比例不得超过取得土地使用权支付的金额和房地产开发成本之和的10%。

七、咨询服务体会

1. 房地产企业更需要专业的税务咨询服务。对房地产企业来说，涉税种类较多，而且由于税法体系复杂，经常变化，即使纳税意识比较强的纳税人，也难免会出现少缴漏缴税款。税务风险常常在日常经营中不知不觉积累，等到稽查检查时，潜在的风险突然爆发，从而导致巨额经济损失，企业的社会形象也受到贬损，有些企业负责人还可能被追究刑事责任。

尤其是房地产企业一般都是集团型的大企业，下属企业数量众多，分布广泛，办税人员水平参差不齐，合规意识高低有别，潜在的风险更大。因此，为有效防控税务风险，聘请专业的涉税机构定期进行审核，及时发现问题、改正问题，可以有效规避发生更大的风险。

2. 税务咨询服务可以促使企业纳税更加规范。在对 A 集团的咨询服务工程中，我们通过多次与集团财务人员沟通交流，发现企业财务人员多侧重于财务核算，很难及时全面地掌握税收政策的变化，大都是通过税收管理员告知才了解一些税收政策。而注册税务师是专业人员，知识是时时更新的，加之经验积累，具有良好的的职业判断能力，因此，对企业重大的涉税风险都是能够识别的。

3. 筹划方案的设计需要专业团队合作、大量实际经验积累。我们为 A 集团提供的筹划方案，都是在多年涉税服务过程中积累的经验提炼出来的，是若干专业人员讨论研究的成果。每一个方案的提出，都要经过仔细斟酌，与可比企业反复对照，分析差异原因和可行性，还要考虑当地的税务征管情况和政策执行情况，从而保证方案的稳妥可行。

案例2-6 税务诊断案例

尤尼泰(江苏)税务师事务所有限公司 童辉

一、案例背景

X公司是我们长期的企业所得税鉴证客户，经过长期合作，与其建立了比较稳固的合作关系。2013年，X公司收到税务局的稽查通知，X公司为了降低自己的稽查纳税风险，经过了解和商谈，决定邀请我所为其公司做一次全面的涉税诊断。以便于应对即将到来的税务检查，我所建议双方签订咨询服务协议，对2013年的账簿、合同进行全面审核，并对经营核算情况进行调查了解，为X公司查找税收方面存在的问题和风险点，并针对X公司的现行核算体制，从税收方面进行规划和设计，实现税收利益最大化。

二、企业基本情况

X公司为某房地产集团公司在本地注册的子公司，成立于2006年6月。该公司人员部分为在本地招聘，部分人员由总部委派，主要从事房地产开发、经营以及销售业务。母公司目前旗下拥有控股及关联公司11家，是一家以房地产开发为龙头、集物业管理、商业地产运营和金融投资等为一体的综合大型企业。业务覆盖珠三角、长三角、环渤海三大重要城市经济圈，现有员工800多人。母公司投资的另一个子公司Y公司和X公司同受母公司控制，且财务、工程、以及销售两个子公司是一套人马。

三、服务过程

我所项目组进入X公司后，对公司的组织架构、机构设置、经营范围、核算形式、纳税申报情况进行了了解，对账簿资料、经营合同、财务报表、纳税申报表进行了全面审核，对凭证进行了抽查，抽查量占30%以上。并将取得的证据材料签字盖章。最终，将修改后形成的咨询意见与X公司管理层沟通，获取《管理层声明书》和《与客户交换意见书》。然后，经过审核程序，出具了正式的税收咨询诊断报告，并得到了X公司管理层的认可。

四、审核中发现的问题

（一）增值税

1. X公司营业外收入发生卖废铁收入500.00元，企业因不经常发生增值税应税业务，出纳就简化处理，直接开具收据收款500.00元，计入营业外收入。

建议X公司应按规定申报缴纳增值税，可到税务机关代开增值税发票。

根据《中华人民共和国增值税暂行条例》（中华人民共和国国务院令第538号）的规定，在中华人民共和国境内销售货物或者提供加工、修理修配劳务以及进口货物的单位和个人为增值税的纳税人，应当依照本条例缴纳增值税。因此，不因公司为不经常发生增值税业务的房地产开发公司而免除增值税的纳税义务。

2. X公司在广告宣传以及会员活动时赠送的礼品（手机等货物）200,000元应按照规定缴纳增值税。

根据《增值税暂行条例实施细则》的规定，企业在广告、业务宣传时向外单位随机赠送宣传品，无论宣传品是自产、委托加工收回的，还是外购的，在增值税上都应当视同销售处理，计算并征收增值税；一般纳税人购进的宣传品的进项税额可以抵扣。

（二）营业税

1. 8月有一笔5,000万元的贷款直接划给了集团的Y公司（企业所得税率15%）（Y公司属于X公司的关联公司），5,000万元贷款的当年利息支出为298万元，建议应按要求调增应纳税所得额并补缴营业税。

《企业所得税法》第四十一条规定，企业与其关联方之间的业务往来，不符合独立交易原则而减少企业或者其关联方应纳税收入或者所得额的，税务机关有权按照合理方法调整。财政部、国家税务总局《关于企业关联方利息支出税前扣除标准有关税收政策问题的通知》（财税〔2008〕121号）规定，在计算应纳税所得额时，企业实际支付给关联方的利息支出，不超过按以下规定比例和税法及其实施条例有关规定计算的部分，准予扣除，超过的部分不得在发生当期和以后年度扣除。企业实际支付给关联方的利息支出，符合本通知第二条规定外，其接受关联方债权性投资与其权益性投资比例为：金融企业为5:1，其他企业为2:1。企业如果能够按照税法及其实施条例的有关规定提供相关资料，并证明相关交易活动符合独立交易原则的；或者该企业的实际税负不高于境内关联方的，其实际支付给境内关联方的利息支出，在计算应纳税所得额时准予扣除。

由于X公司与Y公司之间存在税率差，X公司未按照独立交易的原则确认利息收入，客观上造成了X公司与Y公司因税率差导致少缴纳企业所得税，存在避税的嫌疑，因此建议X公司按照独立交易原则制定利息收取标准，补交营业税。并提供相关的合同等文件证明符合独立交易原则。

2.抽查开发成本凭证后附的C公司的结算发票，将结算发票中的金额与开发成本账相核对，发现开发成本账的数字与结算的金额相符合，但结算造价中未将提供给C公司的甲供材料桩基结算，经与财务以及成本部沟通，确认未结算的甲供材料未缴纳营业税金。

建议：做好后续工作，与工程C单位协商，补结算甲供材和税金。并由C公司就甲供材开具建筑业发票给X公司列账。

（三）企业所得税

1. X公司本年度报废固定资产发生损失6,839.02元，按照《国家税务总局关于发布〈企业资产损失所得税税前扣除管理办法〉的公告》（国家税务总局公告2011年第25号）的要求，需专项申报，并在汇算清缴时随同企业所得税鉴证报告、纳税申报表等一并向税务机关报送。

2. X公司收本市财政局纳税奖励60,970.00元，计入其他应付款科目，企业认为符合不征税收入的条件。经项目组审核相关文件后，认为不符合不征税收入的条件，建议应按政府补助确认补贴收入，调整账目。

根据《中华人民共和国企业所得税法》（中华人民共和国主席令第63号）第七条规定：收入总额中的下列收入为不征税收入：

（一）财政拨款；

（二）依法收取并纳入财政管理的行政事业性收费、政府性基金；

（三）国务院规定的其他不征税收入。

根据《中华人民共和国企业所得税法实施条例》（中华人民共和国国务院令第512号）第二十六条规定："企业所得税法第七条第（一）项所称财政拨款，是指各级人民政府对纳入预算管理的事业单位、社会团体等组织拨付的财政资金，但国务院和国务院财政、税务主管部门另有规定的除外。"

根据《财政部国家税务总局关于专项用途财政性资金企业所得税处理问题的通知》（财税〔2011〕70号）规定："企业从县级以上各级人民政府财政部门及其他部门取得的应计入收入总额的财政性资金，凡同时符合以下条件的，可以作为不征税收入，在计算应纳税所得额时从收入总额中减除：

（一）企业能够提供规定资金专项用途的资金拨付文件；

（二）财政部门或其他拨付资金的政府部门对该资金有专门的资金管理办法

或具体管理要求;

（三）企业对该资金以及以该资金发生的支出单独进行核算。

根据实施条例第二十八条的规定,上述不征税收入用于支出所形成的费用,不得在计算应纳税所得额时扣除;用于支出所形成的资产,其计算的折旧、摊销不得在计算应纳税所得额时扣除。

因此,符合不征税收入规定的相关财政性资金必须符合上述三个条件。

3.X 公司"销售费用–物业管理费减免"科目列支赠送的物业费 173,610.81 元,后附票据为业主缴纳,由于该物业费应由业主承担,存在发票开具违规不得税前扣除的税收风险。"

建议：由 X 公司与物业公司协商直接减免。物业公司以捆绑促销的方式签订优惠合同减免其物业费。

4.物业公司部分人员工资、社保、住房公积金在 X 公司账面列支,由于不属于 X 公司员工,存在企业所得税前不得扣除的税收风险。

《国家税务总局关于企业工资薪金及职工福利费扣除问题的通知》（国税函〔2009〕3 号）第一条规定,"合理工资薪金"是指企业按照股东大会、董事会、薪酬委员会或相关管理机构制订的工资薪金制度规定实际发放给员工的工资薪金。税务机关在对工资薪金进行合理性确认时,按以下原则掌握：

（一）企业制订了较为规范的员工工资薪金制度;

（二）企业所制订的工资薪金制度符合行业及地区水平;

（三）企业在一定时期所发放的工资薪金是相对固定的,工资薪金的调整是有序进行的;

（四）企业对实际发放的工资薪金,已依法履行了代扣代缴个人所得税义务;

（五）有关工资薪金的安排,不以减少或逃避税款为目的。

因此，对于该部分非本公司人员的薪金支出，不属于工资薪金的列支范围，但是否可以作为 X 公司的成本费用列支，取决于是否为 X 公司提供了真实的劳务。经核实，X 公司财务确认，该部分物业公司员工由于前期由开发公司代招聘，且物业公司仍在筹建过程当中，故在开发公司列账。建议：该部分员工支出列账入物业公司，或者 X 公司与物业公司补签劳务合同，物业公司以管理服务费的形式开具发票给地产公司列支。

5. X 公司列支某项目部的费用，存在不得在企业所得税前扣除的风险。

经核查，该项目部为 X 公司另一筹建关联公司 A 公司的项目部。

建议：某项目部的费用全部在 A 公司账面体现，不能在 X 公司企业所得税前扣除。

6. X 公司 9 月"营业外支出"科目发生儿童福利院捐款支出 3,000.00 元，取得市儿童福利院开具的非税收入一般缴款书。目前，省局暂未发布当年度新一批符合条件的公益性组织名单，是否可以在当年度企业所得税前扣除，需要等政策。

10 月"营业外支出"科目发生对市某小学捐赠支出 30,000.00 元，按照公益性捐赠的相关政策规定，对某小学的直接捐赠不属于通过公益性社会团体或县级以上人民政府及其组成部门的捐赠，因此不能税前扣除。

2 月"营业外支出"科目发生消防建设费支出 50,000.00 元，取得中国人民武装警察部队通用收费收据，为不合法票据，不能在企业所得税前扣除。

政策依据如下：财政部、国家税务总局、民政部联合公布的《关于公益性捐赠税前扣除有关问题的通知》（财税〔2008〕160 号）规定：企业通过公益性社会团体或者县级以上人民政府及其部门，用于公益事业的捐赠支出，在年度利润总额 12% 以内的部分，准予在计算应纳税所得额时扣除。其中：年度利润总额，是指企业依照国家统一会计制度的规定计算的大于零的数额。用于公益事业的捐赠支出，是指《中华人民共和国公益事业捐赠法》规定的向公益事业的捐赠支出，具体范围包括：

（1）救助灾害、救济贫困、扶助残疾人等困难的社会群体和个人的活动；

（2）教育、科学、文化、卫生、体育事业；

（3）环境保护、社会公共设施建设；

（4）促进社会发展和进步的其他社会公共和福利事业。

公益性社会团体指依据国务院发布的《基金会管理条例》和《社会团体登记管理条例》的规定，经民政部门依法登记，并且需要符合相应条件的基金会、慈善组织等公益性社会团体。

对获得公益性捐赠税前扣除资格的公益性社会团体，由财政部、国家税务总局和民政部以及省、自治区、直辖市、计划单列市财政、税务和民政部门每年分别联合公布名单。

7. X 公司固定资产折旧残值率不统一，有 5% 也有 0.05% 的，经核实，0.05% 的为固定资产建立卡片账时输错小数，建议全部统一。年限确定有部分不合理，进而影响折旧提取金额和企业所得税。如：办公设备当中除湿机、对讲机都是按照 5 年计提折旧，按新企业所得税法规定："电子设备计提折旧的最低年限为 3 年。"

建议：（1）对固定资产进行全面清查，确定预计尚可使用年限，并与主管税务机关联系应办理的手续，在税法允许的范围内早日提完折旧，获取货币资金时间价值。（2）对于以后购入的固定资产，建议按税法规定的最短折旧年限计提折旧，减少固定资产使用初期缴纳的企业所得税，以获取货币资金时间价值。

8. X 公司租赁大酒店发生的电费，大酒店开具电费收据后附大酒店缴纳电费的复印件，取得的票据不合规，企业所得税前扣除存在风险。

建议：水电费与物业费、租赁费一起在与大酒店的租赁合同中体现，并分别开具发票或附费用分割单。

9.抽查X公司"管理费用—差旅费"科目，发现将购买的茶叶、农产品等支出记入"差旅费"明细科目，应调整记入"业务招待费"明细项目。

建议：业务招待费用核算中要按规定的科目进行归集，如果不按规定归集而将属于业务招待费性质的支出隐藏在其他科目，存在稽查纳税调整风险。

（四）土地增值税

1.X公司"开发成本—营销设施建造费"中列支应作为"销售费用"的营销部门费用，建议调整，否则土地增值税前不得扣除，企业所得税也无法作为费用扣除。土地增值税前允许扣除工程部、设计部等与项目建设直接相关的费用。

2.抽查X公司的开发成本科目,发现将顾问咨询费计入开发成本科目,建议调整，否则土地增值税前不能扣除，企业所得税也无法作为费用扣除。

（五）土地使用税

X公司计算土地使用税时，当土地大证分割为小证时就将该地块所有土地面积从总面积当中剔除，提醒X公司注意的是，各地税务机关对于房地产开发公司土地使用税何时停止纳税义务的理解不同。建议X公司以实际交付作为纳税义务终止的节点，当大证分割为小证的时候未交付的开发产品仍然需要缴纳土地使用税，以降低纳税风险。

（六）印花税

X公司部分合同未缴纳印花税。租赁合同、交通运输合同、技术合同都是印花税细则列举的应税合同范围，需要缴纳印花税。

（七）房产税

X公司使用的售楼处未按照相关规定缴纳房产税,X公司财务人员称该售楼处是临时售楼处，因此未缴纳房产税，存在涉税风险。

《财政部、国家税务总局关于房产税和车船使用税几个业务问题的解释与规定》（财税地〔1987〕3号）文件第一条中对房产的解释如下，房产是以房屋形态表现的财产。房屋是指有屋面和维护结构（有墙或两边有柱），能够遮风避雨，可供人们在其中生产、工作、学习、娱乐、居住或者储藏物资的场所。

《财政部、国家税务总局关于房产税若干具体问题的解释和暂行规定》（财税地字〔1986〕8号）文件第二十一条规定，凡是在基建工地为基建工地服务的各种工棚、材料棚和办公室、食堂、茶炉房、汽车房等临时性房屋，不论是施工企业自行建造还是由基建单位出资建造交施工企业使用的，在施工期间，一律免征房产税。但是，如果在基建工程结束以后，施工企业将这种临时性房屋交换或者估价转让给基建单位的，应当从基建单位接收的次月起，依照规定征收房产税。

因此，售楼处不论是永久性或临时性的，若符合上述房产定义，均应按规定缴纳房产税，但如果其符合财税地字〔1986〕8号文件规定的免税条件，则可以免缴房产税。

（八）个人所得税

X公司外地人员的工资个人所得税在外地申报，容易造成税务机关在核对企业所得税时，工资费用与个人所得税比对出现异常，需准备相关资料备查。

案例 2-7　财政补贴涉税分析案例

尤尼泰(江苏)税务师事务所有限公司　李娟

一、企业基本情况介绍

江苏 XX 化学助剂有限公司，成立于 2010 年 6 月，注册类型为其他有限责任公司，注册资本：3,000 万元，主要经营顺酐催化剂、苯酐（或均酐）催化剂、苯乙烯催化剂的生产；催化剂技术开发、技术服务、技术咨询及技术转让。征收方式：企业所得税由地税查账征收。

二、项目组成员情况

该企业系我所新增顾问单位，我们根据该企业的行业规模专门成立项目组，由 2 名注册税务师和 2 名助理共 4 人组成，进驻江苏 XX 化学助剂有限公司开展顾问服务工作。

三、服务过程中发现的问题及建议

1. 该单位的财务报表、企业所得税年度申报表和账簿资料，记载该企业销售收入 3,000 万元、职工 300 人，企业房产原值 1,000 万元。

经过对相关数据分析比较，我们初步认定该企业重点税收风险领域应在于房产税和土地使用税，并提出了房产税、土地使用税的计税依据和纳税义务时间是否存在问题。

项目组人员随即对于房产税和土地使用税申报一事和财务经理等人进行全面了解，财务经理解释企业房产证取得时间为 2014 年 8 月，故从 2014 年 9 月起申报缴纳房产税，而土地使用税则是按照土地出让合同上标明的时间开始按照实际面积申报缴纳土地使用税。

作为涉税服务专业人员,我们进一步调查取证消除该企业的涉税风险,为此,我们进入该企业办公生产场地进行实地核查,按照固定资产明细账上列明的房屋建筑物和实物进行了一一比对,并对建筑施工合同,竣工合同进行了仔细核查,发现该单位房屋竣工验收日期为 2012 年 7 月,2012 年 8 月投入使用,房屋于 2014 年 8 月取得使用权证书。根据《中华人民共和国房产税暂行条例》的规定:"纳税人自房屋竣工投入使用次月起应申报缴纳房产税"。据此,该单位应从 2012 年 9 月起承担从价申报缴纳房产税的纳税义务。同时,该单位房产税计税依据也存在明显错误,财务人员仅仅按照房屋的原价来申报房产税,地价未全部计入房产原值,财税〔2010〕121 号文件明确规定"土地价值并入房产原值征收房产税"。我们将了解到的情况和税法依据向该单位财务经理做了详细说明,并提示了涉税风险,该企业管理层最终认同我们的意见,补缴了该部分税款。

2.为确定该企业土地价值,项目组人员围绕企业资金往来及有关凭据开展调查,对账簿仔细检查后发现:该企业付给区国土局结算中心并取得土地出让金票据金额 10,428,096.00 元,同时在办证过程中,还缴纳了服务费 46,554.00 元,契税 312,842.88 元,而企业账簿的无形资产原价只有 7,820,400.00 元,在大量的往来科目对冲业务中,有一笔从财政部门取得的 2,607,696.00 元收入直接冲减了无形资产价值。经询问企业财务人员得知这笔收入是财政部门返还的的土地款收入,由于当时办理土地出让合同时和乡政府有约定,土地款有一定的返还,财务人员就因此将这笔业务红冲土地原始价值。根据财税〔2010〕121 号文件规定:"对按照房产原值计税的房产,无论会计上如何核算,房产原值均应包含地价,包括为取得土地使用权支付的价款、开发土地发生的成本费用等。宗地容积率低于 0.5 的,按房产建筑面积的 2 倍计算土地面积并据此确定计入房产原值的地价"。

对于企业这笔账务处理,我们与企业 2012 年企业所得税年度申报表中数据进行核对,确定企业由于财务人员将这笔业务红冲土地原始价值,申报企业所得税时未作纳税调整。根据财税〔2008〕151号文件规定:"企业取得的各类财政性资金,除属于国家投资和资金使用后要求归还本金的以外,均应计入企业当年收入总额。本条所称财政性资金,是指企业取得的来源于政府及其有关部门的财政补助、补贴、贷款贴息,以及其他各类财政专项资金,包括直接减免的增值税和即征即退、先征后退、先征后返的各种税收,但不包括企业按规定取得的出口退税款;所称国家投资,是指国家以投资者身份投入企业、并按有关规定相应增加企业实收资本(股本)的直接投资"。

但是企业财务人员对此有异议,认为该项补贴收入为不征税收入,而且在财务处理上也未进行无形资产摊销,为此项目组经过反复讨论并向主管税务机关进行了专门的政策请示。在取得税务部门的政策答复后,最终认定按照财税〔2011〕70号文件,不征税收入要符合三个条件:

(1)企业能够提供规定资金专项用途的资金拨付文件;

(2)财政部门或其他拨付资金的政府部门对该资金有专门的资金管理办法或具体管理要求;

(3)企业对该资金以及以该资金发生的支出单独进行核算。

该企业仅仅只能提供乡政府一级的土地补偿协议,不能提供资金拨付文件以及财政部门或其他拨付资金的政府部门对该资金的专门的资金管理办法或具体管理要求。最终,根据财税〔2008〕151号文件相关规定,该公司同意补缴企业所得税,以规避税收风险。

3.在费用核查中项目组人员运用税审软件调阅该单位销售费用、管理费用明细账时发现,该单位2013年在管理费用中列支礼品支出32,000.00元。查看凭证后确认是列支支付给外单位个人礼品支出,建议按"其他所得"税目代扣代缴个人所得税 6,400.00 元。

四、工作体会

1.项目组人员进场开展工作前,应充分了解服务企业生产经营和财务核算特点,熟悉主要的生产工艺流程,从而有的放矢地开展工作。

2.要通过对客户财务资料数据的分析,查找企业在涉税方面可能存在的重要风险点。

4.在顾问服务过程中,项目组成员应注意多沟通和政策依据的解释,用专业思维说服企业。

5.在服务过程中,项目组人员应关注企业往来账科目的核实,追本溯源关注相关交易的真实性,追查资金流向,还原事项的真实性,为我们做出准确判断提出正确建议提供坚实的依据。

案例 2 – 8　某集团税务咨询案例

尤尼泰（江苏）税务师事务所有限公司　张敏洁　贺艳　钱丽君

一、案例背景

2015 年初 A 集团财务总监经我所业务单位介绍，决定邀请我所为其集团做一次全面的涉税诊断。我所建议双方签订咨询服务协议，对 2013 年、2014 年的账簿、合同进行全面审核，对经营核算情况进行调查了解，对凭证采取抽查的形式，为 A 集团查找税收方面存在的问题和风险点，并针对现行核算体制，从税收方面进行规划和设计，实现税收利益最大化。2015 年 4 月，双方签约，随后，我所成立项目组，由 3 名注册税务师、4 名助理共 7 人分两组，进驻 A 集团开展咨询服务工作。

二、基本情况

A 集团有十几个子公司，涉及医疗、照明、电子等多个领域。子公司 C 公司生产照明灯具，2014 年尚在筹建期。

三、总体评价

经诊断，该集团涉税业务处理总体上符合税收相关法规的规定，财务核算规范，内部控制制度较为完善。由于内部财务制度和税收相关法律法规的差异存在一定的涉税风险，提请其及时应对事先防范。

四、审核中发现的问题

（一）各税缴纳存在的问题

1. 增值税

经审核 A 集团存在增值税视同销售行为。根据《中华人民共和国增值税暂行条例实施细则》第四条规定，单位或者个体工商户的下列行为，视同销售货物：

（一）将货物交付其他单位或者个人代销；

（二）销售代销货物；

（三）设有两个以上机构并实行统一核算的纳税人，将货物从一个机构移送其他机构用于销售，但相关机构设在同一县（市）的除外；

（四）将自产或者委托加工的货物用于非增值税应税项目；

（五）将自产、委托加工的货物用于集体福利或者个人消费；

（六）将自产、委托加工或者购进的货物作为投资，提供给其他单位或者个体工商户；

（七）将自产、委托加工或者购进的货物分配给股东或者投资者；

（八）将自产、委托加工或者购进的货物无偿赠送其他单位或者个人。

A集团将外购的货物赠与其他单位或者个人的行为应视同销售缴纳增值税。

2. 房产税

A集团中D公司2014年11月自建完成100万元的房屋出租给员工使用，未申报缴纳房产税。企业认为根据《财税〔2000〕125号》第一条的规定：对按政府规定价格出租的公有住房和廉租住房，包括企业和自收自支的事业单位向职工出租的单位自有住房；房管部门向居民出租的公有住房；落实私房政策中带户发还产权并以政府规定租金标准向居民出租的私有住房等，暂免征收房产税。但是，根据《关于企业和自收自支事业单位向职工出租的单位自有住房房产税和营业税政策的通知》（财税〔2013〕94号）和《财政部、国家税务总局关于调整住房租赁市场税收政策的通知》（财税〔2000〕125号）的规定，暂免征收房产税、营业税的企业和自收自支事业单位向职工出租的单位自有住房，是指按照公有住房管理或纳入县级以上政府廉租住房管理的单位自有住房。我们认为甲公司出租给员工使用的房屋不满足免征房产税的规定，建议及时补缴房产税。

3．企业所得税

（1）A集团2014年度发生应收账款损失2,371,907.73元，按照国家税务总局公告2011年第25号《国家税务总局关于发布〈企业资产损失所得税税前扣除管理办法〉的公告》的要求，需提供相关证据材料确认，并应以专项申报的方式向税务机关申报扣除，若未能满足相关条件，则应在2014年汇算清缴时作纳税调增处理。

（2）A集团2014年取得土地退款28,360,456.08元，账面冲减土地计税成本。此补贴收入不符合《财政部、国家税务总局关于专项用途财政性资金有关企业所得税处理问题的通知》（财税〔2009〕87号）及《财政部、国家税务总局关于财政性资金、行政事业性收费、政府性基金有关企业所得税政策问题的通知》（财税〔2008〕151号）的相关规定，不属于不征税收入，应为《企业所得税实施条例》第二十二条规定的其他收入中的"补贴收入"缴纳企业所得税。

4．印花税

财产保险合同、加工承揽合同、运输合同、委托加工合同、贷款合同都是印花税细则列举的应税合同范围，需要缴纳印花税。《中华人民共和国印花税暂行条例施行细则》（财税字〔1988〕255号）第四条规定，条例第二条所说具有合同性质的凭证，是指具有合同效力的协议、契约、合约、单据、确认书及其他各种名称的凭证。A集团货物运输等业务虽没签订合同但只要取得了具有合同性质的凭证就应缴纳印花税。

（二）审核中发现的风险点

1．A集团账面有股东个人借款存在缴纳个人所得税的风险

政策依据：按财税〔2003〕158号文件规定，若投资者从其投资企业（个人

独资企业、合伙企业除外）借款，在该纳税年度终了后既不归还，又未用于企业生产经营的，其未归还的借款可视为企业对个人投资者的红利分配，依照"利息、股息、红利所得"项目计征个人所得税。

按财税〔2008〕83 号文件规定，对企业其他人员向企业借款用于购买房屋及其他财产，将所有权登记为企业其他人员的，且借款年度终了后未归还借款的，按照"工资、薪金所得"项目计征个人所得税。

2. A 集团占用其子公司 C 公司资金用于经营，C 公司于 2014 年年度汇算时用确认的利息收入冲减开办费用（C 公司尚在筹建期）。

《企业会计准则第 14 号——收入》第四章第十八条规定：利息收入金额，按照他人使用本企业货币资金的时间和实际利率计算确定。

《中华人民共和国企业所得税法实施条例》第十八条规定：利息收入，按照合同约定的债务人应付利息的日期确认收入的实现。

《中华人民共和国营业税暂行条例》第十二条规定：营业税纳税义务发生时间为纳税人提供应税劳务、转让无形资产或者销售不动产并收讫营业收入款项或者取得索取营业收入款项凭据的当天。实施细则中对"收讫营业收入款项或者取得索取营业收入款项凭据的当天"指利息收入按照合同约定的债务人应付利息的日期确认收入的实现。对于关联资金往来不符合集团资金统借统还条件的，存在核定资金占用利息，补缴营业税的风险。

对利息收入的确认原则会计上是按权责发生制，税法上按收付实现制，税会上的差异提请该公司注意。

五、税收咨询建议

企业所得税筹划建议：A 集团公司拟采取股权转让方式将拥有的甲公司 70% 的股权全部转让，预计转让价款为 1,350 万元。A 集团公司对甲公司的该项投资系 2013 年 1 月 5 日以银行存款 1,000 万元获得的，甲公司当年获得净利润 300 万元，甲公司保留盈余公积不分配，2014 年，甲公司获得净利润 200 万元。

针对该项股权转让，我所综合考虑 A 集团公司的运营情况，提出以下筹划建议：利用 A 集团公司的控股地位，要求甲公司先将税后利润的 90% 用于分配，然后，A 集团公司再将其拥有的甲公司 70% 的股权全部转让，预计转让价 1,035 万元。

筹划前：应缴纳印花税：1,350×0.05%=0.68 万元

股权转让所得 1,350-1,000-0.68=349.32 万元

应纳企业所得税 349.32×25%=87.33 万元

税后净利润 349.32-87.33=261.99 万元

筹划后：A 集团公司分回的利润（200+300）×90%×70%=315 万元

根据税法规定，居民企业直接投资于居民企业获得的股息、红利等权益性投资收益，免征企业所得税。

应缴纳印花税：1,035×0.05%=0.52 万元

股权转让所得 1,035-1,000-0.52=34.48 万元

应纳企业所得税 34.48×25%=8.62 万元

税后净利润 315+34.48-8.62=340.86 万元

根据筹划，A 集团公司税后利润增加 340.86-261.99=78.87 万元。

第三章　筹划案例

案例 3-1　关于 XX 房地产开发有限公司商业租赁业务税收筹划案例

尤尼泰（贵州）税务师事务所有限公司　　　邹晓雍

一、基本情况

1. 项目来源：委托代理

2. 所属行业：商业企业

3. 筹划时间：2011 年

4. 涉税事项：多种经营方式所涉及的税负水平，考虑到税负情况，对各个经营方案在合法的前提下，使整体税负最小，税后现金净流量最大。

5. 企业基本情况

XX 房地产开发有限公司（以下简称 X 公司）成立于 2003 年 1 月 29 日，现在是某香港上市的外资企业（XX 基建工程有限公司）的全资子公司，经营范围为开发、建设 X 号物业，以及本物业的租赁及经营，第一期已建成的商业地产(商业 X 大厦)建筑面积 125,390.09 ㎡，套内建筑面积 108,168.57 ㎡，原已出售 14,664.93 ㎡，现在正在对该项目进行改扩建，改扩建后增加 10,772.91 ㎡，大约总建筑面积将达到 121,498.07 ㎡，其所有的商业 X 大厦(以下简称大厦)工程年内基本完成，大厦的造价约 6 亿余元，大厦的招商经营及管理已经开始，在招商前对物业的经营管理进行筹划。

现新成立 XX 商业广场管理有限公司（以下简称 SM 公司）专门负责大厦的市

场管理、咨询服务等。其经营项目：物业管理，酒店管理，商场管理，停车场管理（取得相关行政许可后方可执业），销售服装、鞋帽、床上用品、装饰品、化妆品、钟表、珠宝、黄金饰品、家用电器、通讯器材（不含无线电发射及接收设备）（以上经营范围涉及行政许可的，在许可核定的范围和期限内经营，未取得许可或超过许可核定范围和期限的不得经营）。

另外还成立了 XX 商务管理顾问有限公司（以下简称 J 公司），拟对上述物业进行物业管理，其经营项目：商务信息咨询；企业管理和管理技巧咨询；企业形象策划；房屋租赁；物业管理；家居用品、工艺品、日用品、家具、百货销售（法律、行政法规禁止的项目不得经营；法律、行政法规规定应经审批或许可的项目，经批准后方可经营）。

结合大厦的位置、规模、功能等因素，实务中可以采取多种经营方式，而考虑到税负情况，可对经营方案进行税收筹划。

现在拟对该项目的定位为商业综合体，集电影、百货、餐饮、娱乐等为一体，正在进行招商。为便于各经营方案的比较，基于 X 公司的估算，大厦出租部分（面积占整个大厦的 80% 左右）年租金收入情况根据市场价格估计，X 公司与 SM 公司均不享受税收优惠，企业所得税率 25%，营业税率 5%，增值税率按商品类别分别确定（17% 或 13% 等），城市维护建设税率 7%，教育费附加率 3%，地方教育费附加率 2%，契税率 3%，房产税出租部分按租金的 12% 计缴，自用按房产原值扣除 30% 后以 1.2% 计缴，固定资产按税法规定直线法折旧。

现在已签订的合同（或意向协议）有两类，第一类是以 XX 房地产开发有限公司与经营者签订房屋租赁合同，在租金的收取上，实行"保底定额加扣点（返点）"的形式，租赁经营场所时，先收取一定数额的租金，期末再根据厂商或经营者的销售额计算收取一定的租金；或者先行确定一个定额基数租金，期末再按销售额乘以一个商定的比例（扣点）计算出来的结果作为经营管理费。另外按每平方米

9～20元不等的数额收取物管费；第二类是专柜合同，X商业广场管理有限公司与生产厂商或经营者提供专柜或者其他经营场所，生产厂商或经营者的商品销售结束后，X商业广场管理有限公司按一定的比例计算收取柜台或者其他经营场所的经营管理费，X商业广场管理有限公司统一收银，统一向在商场购买货物的顾客开具发票，生产厂商或经营者按结算金额开具增值税专用发票给X商业广场管理有限公司用于进项税额抵扣和成本核算，税率按商品类别分别确定（17%或13%）。

二、大厦以不同方式经营的税收筹划方案分析

方案一：大厦产权过户给SM公司，大厦由SM公司经营。

大厦的产权过户给SM公司，为了规避营业税，应将该大厦作为资本金的方式投入SM公司，虽然大厦属于新建，但是近年房地产增值明显，其评估值假定为80,000万元（增值10,000万元）。根据《财政部国家税务总局关于土地增值税若干问题的通知》（财税〔2006〕21号）对于以土地（房地产）作价入股进行投资或联营的，凡所投资、联营的企业从事房地产开发的，或者房地产开发企业以其建造的商品房进行投资和联营的，均不适用《财政部、国家税务总局关于土地增值税一些具体问题规定的通知》（财税字〔1999〕48号）第一条暂免征收土地增值税的规定。因此，该行为应计缴土地增值税3,000（10,000×30%）万元。

依据《中华人民共和国企业所得税法》及实施细则和《国家税务总局关于企业处置资产所得税处理问题的通知》（国税函〔2008〕828号）规定，企业将资产移送他人的下列情形，因资产所有权属已发生改变而不属于内部处置资产，应按规定视同销售确定收入：

（一）用于市场推广或销售；

（二）用于交际应酬；

（三）用于职工奖励或福利；

（四）用于股息分配；

（五）用于对外捐赠；

（六）其他改变资产所有权属的用途。

企业发生上述规定情形时，属于企业自制的资产，应按企业同类资产同期对外销售价格确定销售收入；属于外购的资产，可按购入时的价格确定销售收入。

X 公司将开发产品对外投资改变资产所有权属的用途，应视同销售，假设 X 公司确认资产评估增值 10,000 万元，应增加当期应纳税所得额 7,000 万元（扣除土地增值税），应计缴企业所得税 2,100（(10,000-3,000)×25%）万元，过户时 SM 公司将涉及契税，SM 公司应一次性缴纳契税约 2,400 万元（80,000×3%）。SM 公司以税后利润方式支付 X 公司的收益，依据《中华人民共和国企业所得税法》及实施细则的规定，符合条件的投资收益为免税收入，X 公司不用再缴纳企业所得税。

根据 《财政部国家税务总局关于股权转让有关营业税问题的通知》（财税〔2002〕191 号）文件规定，以无形资产、不动产投资入股，与接受投资方利润分配，共同承担投资风险的行为，不征收营业税。因此股权转让不征收营业税，所以 X 公司投资时不用缴纳营业税。

方案二：X 公司与 SM 公司签订整体经营（联营）协议。

X 公司与 SM 公司经营协议主要条款：大厦的产权在 X 公司，经营收入在 SM 公司，并由 SM 公司上缴协议收益给 X 公司。因固定资产没有归 SM 公司，SM 公司企业所得税将面临折旧不能在 SM 公司税前扣除，将导致每年多缴纳企业所得税；同时，依据《中华人民共和国企业所得税法》及实施细则的规定，符合条件的投资收益为免税收入。所以，SM 公司上缴收益每年应采取税后利润分配方式，以保证 X 公司不用重复缴纳企业所得税。SM 公司的企业所得税负担很重，必将影响 SM 公司的现金流。

方案三：X 公司将房产（统一收银、自营部分）与 SM 公司签订整体租赁协议，

SM 公司与生产厂商或经营者签订专柜合同；其他非自营部分 X 公司与经营者签订房屋租赁合同。

X 公司与 SM 公司签订租赁协议，协议约定：SM 公司向 X 公司交纳租金，由 X 公司向 SM 公司开具收取租金的发票，大厦自营部分经营收入全部由 SM 公司收取，SM 公司统一收银并开具 SM 公司货物销售发票给顾客。这种方式通过测算当租金按建筑面积计算一个月每平方米 20 元时，每平方米年租金为 240 元，应计缴房产税及营业税等税费 42.48(240×17.7%)元，改扩建后建筑面积 136,163.00 ㎡，总成本为 695,041,181.00 元，单位成本为 5,104.48(695,041,181.00÷136,163.00)元，每平方米自用房产年应计缴房产税 42.88(5,104.48×70%×1.2%)元，当每月每平方米租金 20 元时其租赁产生的税负与按自用房产计缴房产税的税负相当，但按一个月每平方 20 元租金计算，建筑面积的 20% 约 27,232 平方米，年租金约为 654 万元，租金偏低，主管税务机关可能会对租金按同期同类租金作出调整补税。

对外销售货物时，经营者每日核对销售，并在收到结算回单后 5 日内提供税率为 17% 或 13% 的增值税专用发票给 SM 公司，SM 公司收到发票后 20 天内与乙方结算货款(上述期限如因乙方原因导致过期，则顺延到下月)。SM 公司根据销售数量或销售额按一定的比例计算收取柜台或者其他经营场所的经营管理费(扣点)，如经营者销售的货物是适用税率为 17% 的货物，不能提供税率为 17% 的增值税专用发票但可以提供小规模纳税人向税务机关代开的税率 3% 的专用发票时，可以要求经营者(供货方)给予 SM 公司含税价 13.2% 的价格折让，经营者同意由 SM 公司扣除货款 13.2% 的税金损失后支付余款，如经营者销售的货物是适用税率为 17% 的货物，不能提供 17% 发票也不能提供小规模纳税人向税务机关代开的税率 3% 的专用发票时，可以要求经营者(供货方)给予 SM 公司含税价 15.98% 的价格折让，经营者同意由 SM 公司扣除货款 15.98% 的税金损失后支付余款，才能保证 SM 公司的净利润不会减少。但是，需要注意的是，小规模纳税人的信誉往往不及一般纳税人，因而从小规模纳税人采购货物往往存在更大的风险，如货物的质量是否过关、提供是否及时、售后服务是否到位等。因此，纳税人在采购货物时不能仅仅借助价格折让点进行判断，而应综合考虑、全面权衡。

根据国税发〔2004〕136 号文件规定，对商业企业向供货方收取的与商品销售量、销售额无必然联系，且商业企业向供货方提供一定劳务的收入，例如进场费、广告促销费、上架费、展示费、管理费等，不属于平销返利，不冲减当期增值税进项税金，应按营业税的适用税目税率征收营业税。通过收取上述费用可以减少税负 12%（增值税 17% 与营业税 5% 的差额），在合同谈判时若能以收取进场费、广告促销费、上架费、展示费、管理费等方式收取，可降低税负。

（主力店）租赁部分，由产权所有人 X 公司直接对各商家签订租赁合同，租赁费应采用随租赁年限的增加相应递增的方式，在签订租赁合同时应将其中包括的业务分离出来，把物业管理费由指定的提供物业管理服务的 J 物业管理公司收取，应在法律法规允许及合理范围内适当增加物管费、管理费、仓储费（但应在营业执照上增加仓储保管经营范围和实际开展相应业务）等，也可对市场内商家实行"会员制"管理，为会员提供各项优惠服务（诸如：法律会计等中介服务优惠、免费进行工商登记、免费进行消防培训、安全培训等等），对会员收取会员费（但应向物价局备案），减少流转环节避免重复缴纳流转税和降低房产税。

方案四：X 公司只将部分房产（自营部分约 20%）与 SM 公司签订联营协议，约定经营收入归 SM 公司，并由 SM 公司上缴部分税后收益给 X 公司；另外大厦约 80% 的房产租金收入全部由 X 公司收取，并开具 X 公司发票。

该方案 X 公司将开发产品转为自用，依据《中华人民共和国企业所得税法》及实施细则及《国家税务总局关于企业处置资产所得税处理问题的通知》（国税函〔2008〕828 号）规定，企业发生下列情形的处置资产，除将资产转移至境外以外，由于资产所有权属在形式和实质上均不发生改变，可作为内部处置资产，不视同销售确认收入，相关资产的计税基础延续计算。

（一）将资产用于生产、制造、加工另一产品；

（二）改变资产形状、结构或性能；

（三）改变资产用途（如，自建商品房转为自用或经营）；

（四）将资产在总机构及其分支机构之间转移；

（五）上述两种或两种以上情形的混合；

（六）其他不改变资产所有权属的用途。

因此，自建商品房转为自用或经营不视同销售确认收入，相关资产的计税基础延续计算，不产生企业所得税。

根据《营业税暂行条例》及其实施细则的规定，在中华人民共和国境内有偿提供应税劳务、转让无形资产或者销售不动产的单位和个人为营业税纳税义务人。所谓有偿，包括取得货币、货物或者其他经济利益。由此可见，纳税人提供应税劳务、转让无形资产或者销售不动产并取得货币、货物或者其他经济利益的，是征收营业税的前提，对房地产开发企业将开发产品转作固定资产用于本企业自用。作为房地产开发企业既未取得货币、货物及其他经济利益，又不存在无偿赠送他人的行为，所以在营业税上不应当视同销售，不应当征收销售不动产营业税。

根据《土地增值税暂行条例》及其实施细则的规定，土地增值税是以纳税人转让国有土地使用权、地上的建筑物及其附着物所取得的增值额为征税对象，依照规定税率征收的一种税。房地产出租，出租人取得了收入，但没有发生房地产产权的转让，不属于征收土地增值税的范围，因此，房地产开发企业将开发的部分房地产转为企业自用或用于出租等商业用途时，如果产权未发生转移，不征收土地增值税，在税款清算时不列收入，不扣除相应的成本和费用。

因联营行为未发生产权转移，不应征收土地增值税。

X公司就收到的租金收入按5%计缴营业税，按租金收入的12%计缴房产税，按营业税的7%计缴城市维护建设税，按营业税的3% 计缴教育费附加，按营业税的2%计缴地方教育费附加，按租赁合同金额的1‰ 计缴印花税；自营（统一收银专柜经营）部分房产按房产原值计缴房产税 1,167,643.67((139,005,199.36×（1-30%）×1.2%)，土地使用税按土地面积 13,200 m²计缴，年缴土地使用税158,400.00(13,200×12)元；

从依法纳税的角度看，确定合理的纳税主体是至关重要的，大厦产权属于 X 公司，经营收入也归入 X 公司，则大厦的折旧税前扣除就无庸质疑了。X 公司若以税法规定的最低折旧年限计提折旧每年计提折旧费 33,014,456.10 元(695,041,181.00×0.95÷20)，每年可以作为成本费用在税前扣除,抵减企业所得税，（但因 X 公司 2012 年至 2015 年属于培育期，折旧年限可长一些，2016 年以后可按改变会计政策后的年限计算折旧),经营成本是由自营房产应计缴的房产税、土地使用税、房屋折旧组成，另外期间费用-管理费用根据测算数并入,在条件允许的情况下，2012 年至 2015 年期间能在 SM 公司列支的管理费用尽量放在 SM 公司列支，X 公司可适当降低部分管理费，以让 X 公司适当增加所得额，用于抵补以前年度亏损，而 SM 公司当期的亏损可以推后从 2015 年开始弥补；财务费用中的利息支出根据借款金额和利率测算(3.4 亿元银行借款按年利率 7.755%上浮一定比例计算)，根据上述情况我们为 X 公司的收入成本费用安排情况及弥补以前年度亏损的涉税事项作了测算，将各年收入成本费用利润制作了测算表，表中 X 公司各年经营收入是租金收入，其他业务利润主要是停车场收入和仓储收入减去应计缴流转税费后的净额；J 公司的经营收入是物业管理费收入；SM 公司的经营收入是货物销售收入,其他业务利润系市场推广费收入减去应计缴流转税费后的净额。

X 公司 2007 年至 2010 年年度纳税申报表累计亏损 4,541 万元(其中:2010 年亏损 1,283 万元、2009 年亏损 1,779 万元、2008 年亏损 1,149 万元、2007 年亏损 330 万元）。2011 年预计亏损 1,440 万元，2012 年至 2021 年收入成本费用利润根据市场情况测算。

J 公司 2007 年至 2010 年度纳税申报表累计亏损 8,138 万元（其中：2010 年亏损 1,621.36 万元、2009 年亏损 5,422.39 万元、2008 年亏损 1,052.57 万元、2007 年亏损 41.74 万元）。2011 年预计亏损 1,280 万元，根据上述情况我们为 J 公司的收入成本费用情况及弥补以前年度亏损涉税事项作了测算。

SM 公司是 2010 年新成立企业，2010 年度亏损 159.65 万元，2011 年预计亏损 1,873 万元，根据上述情况我们为 SM 公司的收入成本费用情况及弥补以前年度亏损涉税事项作了测算。

方案五：X 公司与 SM 公司签订统一委托管理协议。

X 公司与 SM 公司签订统一委托管理协议，协议约定：大厦收入全部由 X 公司收取，并开具 X 公司发票。X 公司将支付部分款项作为 SM 公司的委托管理费用，并由 SM 公司开具收取委托管理费发票给 X 公司作成本费用，自营业务部分经营收入全部由 X 公司收取，X 公司统一收银并开具 X 公司货物销售发票给顾客。经营者按结算金额开具增值税发票给 X 公司抵扣，这样与经营相关成本由 X 公司做账务处理。

三、筹划结果

方案一：以大厦对 SM 公司投资，大厦产权过户给 SM 公司，大厦由 SM 公司经营，该方案在投资环节将产生 3,000 万元的土地增值税，2,100 万元的企业所得税，2,400 万元的契税，共计 7,500 万元的税金且现金将流出 7,500 万元。

方案二：X 公司与 SM 公司签订整体（联营）协议，由于 X 公司与 SM 公司经营协议约定大厦的产权在 X 公司，由于产权不转移，虽比投资方式减少了上述 7,500 万元税款，可未来的经营收入在 SM 公司，因固定资产没有归 SM 公司，企业所得税将面临折旧不能在 SM 公司扣除问题，且 X 公司以前年度的亏损也未得到弥补，将导致每年多缴纳企业所得税；SM 公司的企业所得税负担很重，必将影响 SM 公司的现金流。

方案三：X 公司将房产（统一收银、自营部分）与 SM 公司签订整体租赁协议，租金偏低，主管税务机关可能会对租金按同期同类租金作出调整补税。

方案四：与方案一比较，不但减少投资环节的各项税费，而且在经营环节上已综合考虑了三家公司各年度可实现利润，用以后年度实现的所得弥补以前年度各家公司的亏损，减少应纳税所得额和推迟企业所得税缴纳时间，为企业获得充裕的现金流。由于 SM 公司是新成立企业，前面几年的亏损将会在 2016 年度开始得到弥补，增加了向前抵补亏损的年限，从而可以最大限度地弥补以前年度亏损。

虽然财税〔2006〕21 号文件对于以土地（房地产）作价入股进行投资或联营的，凡所投资、联营的企业从事房地产开发的，或者房地产开发企业以其建造的商品房进行投资和联营的，均不适用《财政部、国家税务总局关于土地增值税一些具体问题规定的通知》（财税字〔1995〕48 号）第一条暂免征收土地增值税的规定。但因联营行为未发生产权转移，也未产生增值，根据国税发〔2006〕187 号第三条第二款的规定，房地产开发企业将开发的部分房地产转为企业自用或用于出租等商业用途时，如果产权未发生转移，不征收土地增值税，在税款清算时不列收入，不扣除相应的成本和费用，不应征收土地增值税。

方案五：虽和方案四接近，但由于将自营业务收入成本并入 X 公司后，SM 公司前几年（2012 年至 2015 年）均系亏损，若将该部分亏损并入 X 公司，X 公司以前年度的亏损将得不到应有的弥补，所得税负会增加，另外托管费如何平衡也需要综合考虑到。

经过综合分析比较，企业采纳了第四种方案。

分析测算表参见后面附表。

X公司2012年至2021年预计报表数及弥补亏损情况表

单位：元

项目	2012年 预计报表数	2013年 预计报表数	2014年 预计报表数	2015年 预计报表数	2016年 预计报表数	2017年 预计报表数	2018年 预计报表数	2019年 预计报表数	2020年 预计报表数	2021年 预计报表数	2012~2021年 预计报表数
一、经营收入	21,382,322.40	65,318,438.40	71,074,502.40	87,331,987.20	117,806,611.20	160,129,939.20	208,219,776.00	247,154,496.00	275,934,816.00	305,740,531.20	1,560,093,420.00
减：经营成本	17,833,271.72	17,833,271.72	17,833,271.72	17,833,271.72	38,358,711.76	38,358,711.76	38,358,711.76	38,358,711.76	38,358,711.76	38,358,711.76	301,485,357.43
经营费用											0.00
经营税金及附加	3,784,671.06	11,561,363.60	12,580,186.92	15,457,761.73	20,851,770.18	28,342,999.24	36,854,900.35	43,746,345.79	48,840,462.43	54,116,074.02	276,136,535.34
二、经营利润	-235,620.38	35,923,803.08	40,661,043.76	54,040,953.75	58,596,129.26	93,428,228.20	133,006,163.89	165,049,438.45	188,735,641.81	213,265,745.42	982,471,527.23
减：											0.00

项目	2012年	2013年	2014年	2015年	2016年	2017年	2018年	2019年	2020年	2021年	2012~2021年
	预计报表数	预计报表数	预计报表数	预计报表数	预计报表数	预计报表数	预计报表数	预计报表数	预计报表数	预计报表数	预计报表数
管理费用	10,582,600.00	11,217,556.00	11,890,609.36	12,604,045.92	13,360,288.68	14,161,906.00	15,011,620.36	15,912,317.58	16,867,056.63	17,879,080.03	139,487,080.56
财务费用	36,942,000.00	34,051,500.00	29,892,000.00	24,534,000.00	17,766,000.00	10,998,000.00	6,768,000.00	0.00			160,951,500.00
三、经营利润	-47,760,220.38	-9,345,252.92	-1,121,565.60	16,902,907.83	27,469,840.58	68,268,322.21	111,226,543.53	149,137,120.87	171,868,585.18	195,386,665.39	682,032,946.68
加:											
其他业务利润		2,551,758.00	3,683,358.00	4,391,173.80	4,466,613.80	4,655,213.80	4,712,925.40	4,712,925.40	4,712,925.40	4,712,925.40	38,599,819.00
营业利润	-47,760,220.38	-6,793,494.92	2,561,792.40	21,294,081.63	31,936,454.38	72,923,536.01	115,939,468.93	153,850,046.27	176,581,510.58	200,099,590.79	720,632,765.68
加:投资收益											0.00
营业外收入											0.00
减:营业外支出											0.00

项目	2012年 预计报表数	2013年 预计报表数	2014年 预计报表数	2015年 预计报表数	2016年 预计报表数	2017年 预计报表数	2018年 预计报表数	2019年 预计报表数	2020年 预计报表数	2021年 预计报表数	2012～2021年 预计报表数
加:以前年度损益调整											0.00
四、利润总额	-47,760,220.38	-6,793,494.92	2,561,792.40	21,294,081.63	31,936,454.38	72,923,536.01	115,939,468.93	153,850,046.27	176,581,510.58	200,099,590.79	720,632,765.68
纳税调增增加（业务招待费）	2,793,088.34	2,849,877.81	3,134,097.49	3,399,957.06	3,633,173.94	3,849,546.30	4,071,439.02	4,390,518.11	4,811,744.47	5,284,356.65	38,217,799.18
纳税调整后的所得额	-44,967,132.04	-3,943,617.11	5,695,889.89	24,694,038.69	35,569,628.32	76,773,082.31	120,010,907.95	158,240,564.38	181,393,255.05	205,383,947.43	758,850,564.86
减:弥补企业以前年度的亏损额			5,695,889.89	24,694,038.69	35,569,628.32	26,110,000.00					92,069,556.89

项目	2012年	2013年	2014年	2015年	2016年	2017年	2018年	2019年	2020年	2021年	2012~2021年
	预计报表数	预计报表数	预计报表数	预计报表数	预计报表数	预计报表数	预计报表数	预计报表数	预计报表数	预计报表数	预计报表数
减：所得税					0.00	12,665,770.58	30,002,726.99	39,560,141.10	45,348,313.76	51,345,986.86	178,922,939.29
五、净利润	-47,760,220.38	-6,793,494.92	2,561,792.40	21,294,081.63	31,936,454.38	60,257,765.43	85,936,741.94	114,289,905.17	131,233,196.82	148,753,603.93	541,709,826.39
备注	由于收入调整后的所得税为负数，所以当年不能弥补以前年度亏损只能用以后年度实现的所得抵现的所得税亏损	由于当年纳税调整后的所得税为负数，所以当年不能弥补以前年度亏损只能用以后年度实现的所得抵现的所得税亏损	其中：弥补2009年570万元	其中：弥补2010年1,283万元，2011年1,186万元	2011年254万元，2012年3,103万元，2013年394万元	2012年1,394万元，2013年394万元					

附表二

SM 公司 2012 年至 2021 年预计报表数及弥补亏损情况表

单位：元

项 目	2012 年	2013 年	2014 年	2015 年	2016 年	2017 年	2018 年	2019 年	2020 年	2021 年	2012～2021 年
	预计报表数	预计报表数	预计报表数	预计报表数	预计报表数	预计报表数	预计报表数	预计报表数	预计报表数	预计报表数	报表数
一、经营收入	4,568,872.31	13,956,931.28	15,186,859.49	18,660,681.03	25,172,352.82	34,215,798.97	44,491,405.13	52,810,789.74	58,960,430.77	65,329,173.33	333,353,294.87
减：经营成本											0.00
经营费用											0.00
经营税金及附加	93,205.00	284,721.40	309,811.93	380,677.89	513,516.00	698,002.30	907,624.66	1,077,340.11	1,202,792.79	1,332,715.14	6,800,407.22
二、经营利润	4,475,667.31	13,672,209.88	14,877,047.55	18,280,003.13	24,658,836.82	33,517,796.68	43,583,780.46	51,733,449.63	57,757,637.98	63,996,458.20	326,552,887.66
减：											0.00

项目	2012年 预计报表数	2013年 预计报表数	2014年 预计报表数	2015年 预计报表数	2016年 预计报表数	2017年 预计报表数	2018年 预计报表数	2019年 预计报表数	2020年 预计报表数	2021年 预计报表数	2012~2021年 报表数
管理费用	10,465,759.00	12,607,000.00	12,573,000.00	13,108,000.00	13,133,000.00	13,143,000.00	13,799,000.00	13,839,000.00	13,849,000.00	13,854,000.00	130,370,759.00
财务费用	0.00										0.00
三、经营利润	−5,990,091.69	1,065,209.88	2,304,047.55	5,172,003.13	11,525,836.82	20,374,796.68	29,784,780.46	37,894,449.63	43,908,637.98	50,142,458.20	196,182,128.66
加：其他业务利润	302,080.00	1,302,720.00	1,604,800.00	2,548,800.00	3,115,200.00	4,153,600.00	4,720,000.00	4,720,000.00	4,720,000.00	4,720,000.00	31,907,200.00
四、营业利润	−5,688,011.69	2,367,929.88	3,908,847.55	7,720,803.13	14,641,036.82	24,528,396.68	34,504,780.46	42,614,449.63	48,628,637.98	54,862,458.20	228,089,328.66
加：投资收益											0.00
营业外收入											0.00
减：营业外支出											0.00

项目	2012年 预计报表数	2013年 预计报表数	2014年 预计报表数	2015年 预计报表数	2016年 预计报表数	2017年 预计报表数	2018年 预计报表数	2019年 预计报表数	2020年 预计报表数	2021年 预计报表数	2012~2021年 报表数
加：以前年度损益调整											0.00
五、利润总额	-5,688,011.69	2,367,929.88	3,908,847.55	7,720,803.13	14,641,036.82	24,528,396.68	34,504,780.46	42,614,449.63	48,628,637.98	54,862,458.20	228,089,328.66
纳税调增增加（业务招待费）	77,160.64	180,000.00	160,000.00	156,000.00	156,000.00	156,000.00	156,000.00	156,000.00	156,000.00	156,000.00	1,509,160.64
纳税调整后的应纳税所得额	-5,610,851.05	2,547,929.88	4,068,847.55	7,876,803.13	14,797,036.82	24,684,396.68	34,660,780.46	42,770,449.63	48,784,637.98	55,018,458.20	229,598,489.29
减：弥补企业以前年度的亏损额		2,547,929.88	4,068,847.55	7,876,803.13	11,450,000.00						25,943,580.57

项目	2012年 预计报表数	2013年 预计报表数	2014年 预计报表数	2015年 预计报表数	2016年 预计报表数	2017年 预计报表数	2018年 预计报表数	2019年 预计报表数	2020年 预计报表数	2021年 预计报表数	2012~2021年 报表数
减：所得税					836,759.21	6,171,099.17	8,665,195.12	10,692,612.41	12,196,159.50	13,754,614.55	52,316,439.96
六、净利润	-5,688,011.69	2,367,929.88	3,908,847.55	7,720,803.13	13,804,277.61	18,357,297.51	25,839,585.34	31,921,837.22	36,432,478.48	41,107,843.65	175,772,888.70
备注	经营收入按租金收入的20%计算，其他业务主要是市场推广费收入，其他部分主要是利润分部以后年度管理费用，按委托公司提供的预测计算减去商场水电气设备维护	其中：弥补2010年度亏损159.65万元，弥补2011年度亏损95.14万元	其中：弥补2011年407万元	其中：弥补2011年787万元	其中：弥补2011年584万元弥补2012年度亏损561万元						

附表三

J 公司 2012 年至 2021 年预计报表数及弥补亏损情况表

单位：元

项目	2012 年 预计报表数	2013 年 预计报表数	2014 年 预计报表数	2015 年 预计报表数	2016 年 预计报表数	2017 年 预计报表数	2018 年 预计报表数	2019 年 预计报表数	2020 年 预计报表数	2021 年 预计报表数	2012～2021 年 报表数
一、经营收入	9,483,046.00	19,427,500.00	24,284,400.00	24,284,400.00	24,284,400.00	29,141,300.00	33,998,200.00	38,855,040.00	43,511,520.00	48,168,000.00	295,437,806.00
减：经营成本											0.00
经营费用											0.00
经营税金及附加	535,792.10	1,097,653.75	1,372,068.60	1,372,068.60	1,372,068.60	1,646,483.45	1,920,898.30	2,195,309.76	2,458,400.88	2,721,492.00	16,692,236.04
二、经营利润	8,947,253.90	18,329,846.25	22,912,331.40	22,912,331.40	22,912,331.40	27,494,816.55	32,077,301.70	36,659,730.24	41,053,119.12	45,446,508.00	278,745,569.96
减：											0.00

项目	2012年 预计报表数	2013年 预计报表数	2014年 预计报表数	2015年 预计报表数	2016年 预计报表数	2017年 预计报表数	2018年 预计报表数	2019年 预计报表数	2020年 预计报表数	2021年 预计报表数	2012~2021年 报表数
管理费用	12,870,000.00	14,157,000.00	14,355,000.00	14,912,880.00	15,135,352.80	15,371,173.97	15,946,144.41	16,211,113.07	16,491,979.85	16,789,698.65	152,240,342.75
财务费用	0.00										0.00
三、经营利润	-3,922,746.10	4,172,846.25	8,557,331.40	7,999,451.40	7,776,978.60	12,123,642.58	16,131,157.29	20,448,617.17	24,561,139.27	28,656,809.35	126,505,227.22
加:其他业务利润											0.00
四、营业利润	-3,922,746.10	4,172,846.25	8,557,331.40	7,999,451.40	7,776,978.60	12,123,642.58	16,131,157.29	20,448,617.17	24,561,139.27	28,656,809.35	126,505,227.22
加:投资收益											0.00
营业外收入											0.00
减:营业外支出											0.00

项目	2012年预计报表数	2013年预计报表数	2014年预计报表数	2015年预计报表数	2016年预计报表数	2017年预计报表数	2018年预计报表数	2019年预计报表数	2020年预计报表数	2021年预计报表数	2012~2021年报表数
加: 以前年度损益调整											0.00
五、利润总额	-3,922,746.10	4,172,846.25	8,557,331.40	7,999,451.40	7,776,978.60	12,123,642.58	16,131,157.29	20,448,617.17	24,561,139.27	28,656,809.35	126,505,227.22
纳税调增加(业务招待费)	522,584.77	529,862.50	568,280.00	637,250.00	713,117.00	797,284.20	839,798.00	1,015,492.70	1,202,286.10	1,321,023.60	8,146,978.87
纳税调整后的所得额	-3,400,161.33	4,702,708.75	9,125,611.40	8,636,701.40	8,490,095.60	12,920,926.78	16,970,955.29	21,464,109.87	25,763,425.37	29,977,832.95	134,652,206.09
减: 弥补企业以前年度的亏损额	-3,400,161.33	4,702,708.75	9,125,611.40	8,636,701.40	8,490,095.60	3,400,000.00					30,954,955.82
减: 所得税				0.00	0.00	2,380,231.70	4,242,738.82	5,366,027.47	6,440,856.34	7,494,458.24	25,924,312.57

项目	2012年预计报表数	2013年预计报表数	2014年预计报表数	2015年预计报表数	2016年预计报表数	2017年预计报表数	2018年预计报表数	2019年预计报表数	2020年预计报表数	2021年预计报表数	2012~2021年报表数
六、净利润	-3,922,746.10	4,172,846.25	8,557,331.40	7,999,451.40	7,776,978.60	9,743,410.88	11,888,418.47	15,082,589.70	18,120,282.93	21,162,351.11	100,580,914.65
备注	收入就是物管收入、管理费用系工资社保和商场水电气设备维护，以后补以前年度亏损能用以后实现的所得抵亏损	其中：弥补2008年470万元，2013年度管理费用按2013年的基数每年增长6%	其中：弥补2009年913万元	其中：弥补2010年864万元	其中：弥补2011年849万元	其中：弥补2012年亏损340万元					

附表四

SM 公司 2012 年至 2021 年费用支出预算表

单位：万元

日常经营费用	2012 年	2013 年	2014 年	2015 年	2016 年	2017 年	2018 年	2019 年	2020 年	2021 年	合计
工　资	421.00	428.00	428.00	441.00	441.00	441.00	467.00	467.00	467.00	467.00	4,468.00
办公费	41.30	41.30	41.30	42.00	43.00	43.00	42.00	43.00	43.00	43.00	422.90
通信费	13.10	13.10	13.10	13.50	13.50	13.50	14.00	14.00	14.00	14.00	135.80
差旅费	61.90	61.90	63.00	65.00	65.00	66.00	66.00	68.00	68.00	68.00	652.80
交际应酬费	52.00	45.00	40.00	39.00	39.00	39.00	39.00	40.00	40.00	40.00	413.00
汽车费用	19.90	18.40	18.40	20.50	20.50	20.50	22.80	22.80	22.80	22.80	209.40
劳动保险费	142.40	142.40	142.40	148.00	148.00	148.00	155.00	155.00	155.00	155.00	1,491.20
福利费	18.00	18.00	18.00	21.00	21.00	21.00	25.00	25.00	25.00	25.00	217.00
员工宿舍租金	21.60	21.60	21.60	23.00	23.00	23.00	25.00	25.00	25.00	25.00	233.80
员工宿舍物业管理费	1.90	1.90	1.90	2.10	2.10	2.10	2.30	2.30	2.30	2.30	21.20

日常经营费用	2012年	2013年	2014年	2015年	2016年	2017年	2018年	2019年	2020年	2021年	合计
商场运营水电气费	930.40	958.00	958.00	990.00	990.00	990.00	1,018.00	1,018.00	1,018.00	1,018.00	9,888.40
设备维护费	127.70	127.70	127.70	130.50	130.50	130.50	135.00	135.00	135.00	135.00	1,314.60
保洁费	38.10	37.80	37.80	39.80	39.80	39.80	42.50	42.50	42.50	42.50	403.10
绿化费	4.40	3.60	3.60	3.90	3.90	3.90	4.30	4.30	4.30	4.30	40.50
合同印花税	7.30	7.30	7.30	8.00	8.00	8.00	8.50	8.50	8.50	8.50	79.90
企划费用	350.60	118.00	118.00	122.00	122.00	122.00	125.00	125.00	125.00	125.00	1,452.60
促销费用	148.00	125.00	125.00	130.00	130.00	130.00	135.00	135.00	135.00	135.00	1,328.00
办公设备折旧费	107.40	107.40	107.40	115.00	115.00	115.00	122.00	122.00	122.00	122.00	1,155.20
员工培训费	6.00	6.00	6.00	7.50	7.50	7.50	9.50	9.50	9.50	9.50	78.50
劳保费	4.00	4.00	4.50	4.50	6.00	6.00	7.00	7.00	8.00	8.50	59.50
其 他	69.00	60.00	60.00	65.00	65.00	65.00	68.00	68.00	68.00	68.00	656.00
小 计	2,586.00	2,346.40	2,343.00	2,431.30	2,433.80	2,434.80	2,532.90	2,536.90	2,537.90	2,538.40	24,721.40

附表五

2012 年经营收入及其他收入预算表

单位：元

收入项目	金　额	备　注
租赁收入	26,727,903.00	
物管费收入	9,483,046.00	
经营收入合计	36,210,949.00	
市场推广费收入	320,000.00	
其他收入合计	320,000.00	
合　计	36,530,949.00	

注：收入包含 X 公司、SM 公司、J 公司的全部收入。

附表六

房地产开发有限公司（X 公司）2012 年至 2018 年借款利息费用测算表

单位：万元

月份	2012 年		2013 年		2014 年		2015 年		2016 年		2017 年		2018 年	
	计息基数	利息	计息基数	利息	计息基数	利息	计息基数	利息	计息基数	利息	计息基数	利息	计息基数	利息
1 月	33,500	314.9	31,500	296.10	28,000	263.2	24,000	225.6	18,000	169.2	12,000	112.8	6,000	56.4
2 月	33,500	314.9	31,500	296.10	28,000	263.2	24,000	225.6	18,000	169.2	12,000	112.8	6,000	56.4
3 月	33,500	314.9	31,500	296.10	28,000	263.2	24,000	225.6	18,000	169.2	12,000	112.8	6,000	56.4
4 月	33,000	310.2	30,625	287.88	27,000	253.8	22,500	211.5	16,500	155.1	10,500	98.7	6,000	56.4
5 月	33,000	310.2	30,625	287.88	27,000	253.8	22,500	211.5	16,500	155.1	10,500	98.7	6,000	56.4
6 月	33,000	310.2	30,625	287.88	27,000	253.8	22,500	211.5	16,500	155.1	10,500	98.7	6,000	56.4
7 月	32,500	305.5	29,750	279.65	26,000	244.4	21,000	197.4	15,000	141	9,000	84.6	6,000	56.4
8 月	32,500	305.5	29,750	279.65	26,000	244.4	21,000	197.4	15,000	141	9,000	84.6	6,000	56.4
9 月	32,500	305.5	29,750	279.65	26,000	244.4	21,000	197.4	15,000	141	9,000	84.6	6,000	56.4
10 月	32,000	300.8	28,875	271.43	25,000	235	19,500	183.3	13,500	126.9	7,500	70.5	6,000	56.4
11 月	32,000	300.8	28,875	271.43	25,000	235	19,500	183.3	13,500	126.9	7,500	70.5	6,000	56.4
12 月	32,000	300.8	28,875	271.43	25,000	235	19,500	183.3	13,500	126.9	7,500	70.5	6,000	56.4
小计		3,694.2		3,405.15		2,989.2		2,453.4		1,776.6		1,099.8		676.8

附表七

X 公司 2012 年管理费用预算表

单位：元

项　目	金　额
1、工　资	2,795,000.00
2、福利费	140,000.00
3、保险费	348,000.00
1）车辆保险	48,000.00
2）社会保险	300,000.00
4、员工培训费	180,000.00
5、办公费	399,600.00
1）办公设备配件费	72,000.00
2）办公用品费	120,000.00
3）饮水机用水	12,000.00
4）邮寄费	9,600.00
5）工商年检及办证费	24,000.00
6）办公设备租赁费	18,000.00
7）招聘费	18,000.00
8）报刊订阅及印刷费	30,000.00
9）其　他	96,000.00
6、电话费	120,000.00
7、修理费	120,000.00
8、租　金	240,000.00
9、物业管理费	24,000.00
10、差旅费	360,000.00
11、绿化费	12,000.00
12、清洁费	18,000.00
13、车辆使用费	240,000.00
14、会务费	120,000.00
15、业务招待费	2,900,000.00
16、税　金	420,000.00

项　目	金　额
17、住房公积金	72,000.00
18、咨询服务费	1,336,000.00
1）软件服务费	106,000.00
2）审计费	500,000.00
3）专家咨询费	280,000.00
4）律师费	450,000.00
22、市内交通费	120,000.00
24、劳保用品费	18,000.00
25、其　他	600,000.00
合　计	10,582,600.00

注：X 公司费用（以后年度按 6% 递增）

附表八

2012 年经营成本费用预算表（商业、物业类）

单位：元

费用名称	金额
管理费用	19,440.00
1.经营场所	－
2.员工宿舍	19,440.00
租　金	216,000.00
1.经营场所	－
2.员工宿舍	216,000.00
电　费	3,714,000.00
1.正常用电	3,714,000.00
2.调峰用电	－
3.员工宿舍	－
水　费	678,500.00
1.水费	678,500.00
2.污水处理费	－
3.员工宿舍	－

费用名称	金额
燃气费	942,000.00
清洁费	381,000.00
1.杀虫及消毒费	–
2.垃圾处理费	–
3.其　他	–
绿化费	44,400.00
1.绿化费	44,400.00
2.节假日布置绿化费	–
3.其　他	–
保险费	
营销费用	5,585,000.00
1.宣传推广费（促销）	1,480,000.00
2.广告策划费（企划）	3,505,000.00
3.其　他	600,000.00
营销计提	–
维修费及保养费	1,113,000.00
1.电梯维修及保养费	357,000.00
2.办公设备维修及保养费	23,500.00
3.空调维修及保养费	215,000.00
4.消防维修及保养费	346,500.00
5.发电机维修及保养费	60,000.00
6.监控系统维修及保养费	111,000.00
7.其　他	–
工　资	5,901,000.00
1.常规工资	5,901,000.00
2.岗位、绩效、加班工资	–
办公费	413,000.00
1.办公用纸张	14,400.00
2.饮用水	18,200.00
3.其他办公费	380,400.00
差旅费	580,000.00
交通费	39,000.00

费用名称	金额
车辆管理费	292,500.00
1.过桥停车	37,200.00
2.汽油费	191,700.00
3.修理费	63,600.00
4.车辆保险	16,000.00
5.养路隧道	—
6.杂　项	
邮电费	131,000.00
业务费	670,000.00
福利费	180,000.00
劳保费	40,500.00
员工培训费	60,000.00
员工社保费及公积金	1,098,507.00
1.社保费	967,647.00
2.公积金	130,860.00
合同印花税	72,912.00
固定资产购置费用	—
1.电脑及服务器	90,000.00
2.复印机及打印机	38,000.00
3.对讲机及空调	
4.软件购置及平台	
5.其　他	
折旧及摊销费	1,074,000.00
1.房屋建筑物折旧费	—
2.机器设备折旧费	
3.办公设备折旧费	1,074,000.00
4.其他折旧费	
5.摊　销	—
其　他	
合　计	23,335,759.00

注：SM 公司及 J 公司费用，以后年度按 6% 递增。

案例3-2 关于XX集团股权收购企业重组涉税业务筹划案例

尤尼泰（贵州）税务师事务所有限公司 邝湧

一、基本情况

1. 项目来源：XX集团有限公司委托

2. 所属行业：科技股份有限公司

3. 筹划时间：2013年

4. 企业重组业务基本情况：

（1）2013年2月5日《XX集团有限公司临时股东会决议》，同意XX集团有限公司以改制后的XA器材厂、XB器材厂、XC器材厂以及XX动力有限公司100%股权购买XX（集团）科技股份有限公司非公开发行股票。

（2）2013年2月6日，签订的《XX集团有限公司与XX（集团）科技股份有限公司关于XX（集团）科技股份有限公司非公开发行股票之附条件生效的股份认购协议》，对本次交易的认购方式及资产价格、定价依据及认购价格、认购数量、资产交割及对价支付等相关事宜作出约定。

（3）2013年6月10日，XX集团有限公司、XX（集团）科技股份有限公司共同委托的深圳市XX资产评估土地房地产估价有限公司对本次拟股权转让所涉及的XA电子有限公司、XB电器有限公司、XC电子有限公司、XX动力有限公司股东全部权益进行评估，并出具评估报告。

（4）2013年7月29日，签订《XX集团有限公司与XX（集团）科技股份有限公司关于XX（集团）科技股份有限公司非公开发行股票之附条件生效的股份认购协议之补充协议》，对深圳市XX资产评估土地房地产估价有限公司出具的四家公司100%股权评估值的评估报告进行确认。其中，以2012年8月31日为评估基准日的评估报告确认的评估值并经国务院国资委备案后的结果为准，双方确认的四家公司 100％股权的评估值合计为 3 亿余元。

（5）2013 年 8 月 12 日，《关于 XX（集团）科技股份有限公司非公开发行股票有关问题的批复》国资产权〔2013〕XXX 号规定，同意 XX 集团有限公司以所持 XA 电子有限公司等 4 家公司股权以及不低于 600 余万元现金，认购股份公司本次非公开发行股票。本次非公开发行股票完成后，股份公司总股本不超过 5 万余股，其中中国 XX 电子集团有限公司持有不少于 18,858.8,759 万股，占总股本的比例不低于 36.13％。

（6）2013 年 8 月 15 日，《XX 电子集团有限公司 2013 年度第二次临时股东会决议》审议通过了《XX（集团）科技股份有限公司关于本次非公开发行股票方案（预案）》，并按照上市公司相关规定，对本次非公开发行股票的方案进行审议。

（7）2013 年 8 月 15 日，《XX（集团）科技股份有限公司非公开发行股票发行方案》约定，本次非公开发行股票，XX 集团有限公司拟以其持有的 XA 电子有限公司、XB 电器有限公司、XC 电子有限公司、XX 动力有限公司 100％股权及部分现金认购本次非公开发行的部分股份，其中股权收购价格 3 亿余元，现金交易金额 600 余万元。

二、主要涉税事项

1. 收购企业支付对价的形式（包括股权支付、非股权支付或两者的组合）。

2. 本企业或其控股企业的股权、股份支付的形式。

3. 企业重组同时符合特殊性税务处理的条件。

三、筹划方案

1. 根据财税〔2009〕59 号文件第六条第二项的规定，企业重组符合本通知第五条规定条件的，交易各方对其交易中的股权支付部分，可以按以下规定进行特殊性税务处理。

2. 股权收购，收购企业购买的股权不低于被收购企业全部股权的 75％，且收购企业在该股权收购发生时的股权支付金额不低于其交易支付总额的 85%，可以选择按以下规定处理：

（1）被收购企业的股东取得收购企业股权的计税基础，以被收购股权的原有计税基础确定。

（2）收购企业取得被收购企业股权的计税基础，以被收购股权的原有计税基础确定。

（3）收购企业、被收购企业的原有各项资产和负债的计税基础和其他相关所得税事项保持不变。

四、筹划结果

1. 被收购企业的股东取得收购企业股权的计税基础，以被收购股权的原有计税基础确定。

2. 收购企业取得被收购企业股权的计税基础，以被收购股权的原有计税基础确定。

3. 收购企业、被收购企业的原有各项资产和负债的计税基础和其他相关所得税事项保持不变。

4. 使委托单位上述股权收购事项符合财税〔2009〕59 号文件对股权收购的规定。即：

（1）具有合理的商业目的，且不以减少、免除或者推迟缴纳税款为主要目的。

（2）被收购、合并或分立部分的资产或股权比例符合本通知规定的比例。

（3）企业重组后的连续 12 个月内不改变重组资产原来的实质性经营活动。

（4）重组交易对价中涉及股权支付金额符合本通知规定比例。

（5）企业重组中取得股权支付的原主要股东，在重组后连续 12 个月内，不得转让所取得的股权。

（6）使其符合财税〔2009〕59 号文件第六条第二项的规定，企业重组符合本通知第五条规定条件的，交易各方对其交易中的股权支付部分，可以按以下规定进行特殊性税务处理：

股权收购，收购企业购买的股权不低于被收购企业全部股权的 75%，且收购企业在该股权收购发生时的股权支付金额不低于其交易支付总额的 85%。

通过审核会计资料、纳税资料及相关文件，重组各方的重组事项适用特殊性税务处理的规定。对重组各方兼并重组事项涉及的企业所得税纳税事项，报主管税务机关审核备案后，可按照特殊性税务处理进行年度企业所得税纳税申报。

5. XX 集团上述股权收购事项在 2014 年 3 月完成，本次股份认购事项以 XA 电子有限公司、XB 电器有限公司、XC 电子有限公司、XX 动力有限公司 100% 股权及部分现金认购本次非公开发行的部分股份，其中股权收购价格 3 亿余元，现金交易金额 600 余万元。XX 集团应确认的投资收益 3,000 余万元。

案例 3 – 3 关于 XX 建材厂分立及吸收合并筹划案例

尤尼泰（贵州）税务师事务所有限公司 满兴茂

一、基本情况

1. 项目来源：委托代理

2. 所属行业：建筑安装

3. 筹划时间：2011 年

4. 企业基本情况：

贵州 XX 建设有限公司建材厂（以下简称建材厂），住所：XX 县 XX 村，负责人：XXX，经营范围：房屋建筑工程施工总承包二级；可承担单项建安合同不超过企业注册资本金 5 倍的下列房屋建筑工程：（1）28 层及以下、单跨度 36 米及以下的房屋建筑工程；（2）高度 120 米及以下的构筑物；（3）建筑面积 12 万平方米及以下的住宅小区或建筑群体。建筑装修装饰专业承包二级；可承担单位工程造价 1,200 万元及以下建筑室内、室外装修装饰工程（建筑幕墙除外）的施工，磷石膏砖块、磷石膏砖、磷石膏砖板、磷石膏充填粉的加工、销售；搅拌商品混凝土生产、销售。

二、筹划内容

贵州 MMM 有限责任公司下属子公司贵州 MMM 磷业有限公司准备将下属分公司（贵州 XX 建设有限公司建材厂）划拨给贵州 MMM 建设公司。贵州 MMM 磷业有限公司主管税务机关为 XX 县国家税务局，汇总建材厂缴纳企业所得税，流转税由 XX 市地税局管辖。现准备将建材厂的相关资产、负债及人员一并划拨给贵州 MMM 建设公司，但厂址仍设在 XX 县。

分析：根据客户提供的营业执照及税务登记证显示，被转让主体（建材厂）是一个分公司，其投资方为贵州 MMM 有限责任公司。接受方为贵州 MMM 建设公司，与贵州 MMM 磷业有限公司同为贵州 MMM 有限责任公司下属子公司。正常情况下，依据税法规定，企业整体出售应在交易发生时，视为按照公允价值分别销售其全部资产进行税务处理，涉及的税款较多，税负较高（详细计算请参见正常转让税负计算表）。

三、方案比较

根据客户的要求及结合税法的相关规定，我们制定了三套方案并进行比较：

方案一：保留建材厂实体，业务实质转移到贵州 MMM 建设公司。增加贵州 MMM 建设公司的经营范围，将人员业务转移到贵州 MMM 建设公司，不能转移的资产（例如房屋，机器等可采取租赁方式出租给贵州 MMM 建设公司）。这种操作由于是互相关联的两个主体，操作简单，只须变更营业执照和经营范围即可，但税负要增加，因为多了个资产出租房产税，要视建材厂的资产种类和出租定价而定。

方案二：将建材厂作为投资投入到贵州 MMM 建设公司，根据税法的规定：以不动产投资入股共担风险，可享受不征营业税及土地增值税的优惠，但由于投资不符合资产重组的条件，不能享受增值税、所得税的优惠，且由于被投资方贵州 MMM 建设公司不是增值税一般纳税人，所取得的增值税进项税额不能抵扣，此方案承担的税负较高（详见正常转让时应交的增值税及所得税）。

方案三：建材厂先被贵州 MMM 磷业有限公司派生分立成建材公司，然后建材公司再被贵州 MMM 建设公司吸收合并，合并后建材公司不再存在，其资产、债权债务及全部职工都由贵州 MMM 建设公司承接，同时将建材厂予以注销。此方案能享受的税收优惠较多（详见附后的各税种优惠及计算表），但手续繁琐，时间要求较长。另一方面，分立时由于在营业税、土地增值税上无明文规定征或者不征，各地方执行不统一，实际情况是，房产局办理过户时、工商局办理变更手续时须提供税务局的免税证明或完税证明。

综上所述，方案三的税负最低，也是客户的选定方案。

四、选定方案税收依据

现就建材厂分立及吸收合并涉税事宜说明如下：

（一）派生分立涉税依据

税种	正常征税依据	享受免税的相关法规依据
营业税	转让不动产（适用 5% 的税率）	根据《营业税暂行条例》规定：不动产转移过户中，并未发生有偿销售不动产行为，也不具备其他形式的交易性质，不征收营业税。可参考国税发〔2002〕69 号
增值税	转让设备（适用 4% 减半征收） 转让库存商品（库存物资适用 17% 的税率）	据国家税务总局公告〔2011〕13 号的规定：纳税人在资产重组过程中，通过合并、分立、出售、置换等方式，将全部或者部分实物资产以及与其相关联的债权、负债和劳动力一并转让给其他单位和个人，不属于增值税的征税范围，其中涉及的货物转让，不征收增值税
附加	营业税增值税附加	城建（本案例按 5% 计算）、教育费附加、地方教育费，随"三税"享受减免优惠
土地增值税	分立不属于土地增值税的征税范围	根据《中华人民共和国土地增值税暂行条例》的规定："第二条转让国有土地使用权、地上的建筑物及其附着物（以下简称转让房地产）并取得收入的单位和个人，为土地增值税的纳税义务人（以下简称纳税人），应当依照本条例缴纳土地增值税"，由于分立时未取得收入，不征土地增值税
企业所得税	分立时适用特殊税务处理	根据财税〔2009〕59 号文（五）款规定："企业分立，被分立企业所有股东按原持股比例取得分立企业的股权，分立企业和被分立企业均不改变原来的实质经营活动，且被分立企业股东在该企业分立发生时取得的股权支付金额不低于其交易支付总额的 85%"的，适用特殊税务处理
契税	土地承受方	根据财税〔2008〕175 号文的规定：企业依照法律规定、合同约定分设为两个或两个以上投资主体相同的企业，对派生方、新设方承受原企业土地、房屋权属，不征收契税
价调基金	价调基金	分立不产生收入
印花税	产权转移书据	财税〔2003〕183 号：三、关于产权转移书据的印花税：企业因改制签订的产权转移书据免于贴花。（2）以合并或分立方式成立的新企业，其新启用的资金账簿记载的资金，凡原已贴花的部分可不再贴花，未贴花的部分和以后新增加的资金按规定贴花

（二）吸收合并涉税依据

税种	正常征税依据	享受优惠的相关政策依据
营业税	转让不动产（适用 5%的税率）	根据国税函〔2002〕165 号规定：转让企业产权是整体转让企业资产、债权、债务及劳动力的行为，其转让价格不仅仅是由资产价值决定的，与企业销售不动产，转让无形资产的行为完全不同。因此，转让企业产权的行为不属于营业税征收范围，不应征收营业税
增值税	转让设备（适用 4%减半征收）	据国家税务总局公告〔2011〕13 号的规定：纳税人在资产重组过程中，通过合并、分立、出售、置换等方式，将全部或者部分实物资产以及与其相关联的债权、负债和劳动力一并转让给其他单位和个人，不属于增值税的征税范围，其中涉及的货物转让，不征收增值税
	转让库存商品（库存物资适用 17%的税率）	
附加	营业税增值税附加	城建（本案例按 5%计算）、教育费附加、地方教育费随"三税"享受减免优惠
土地增值税	吸收合并免土地增值税	根据财税字〔1995〕048 号规定：三、关于企业兼并转让房地产的征免税问题，在企业兼并中，对被兼并企业将房地产转让到兼并企业中的，暂免征收土地增值税
企业所得税	合并时适用特殊税务处理	根据财税〔2009〕59 号文的"（四）企业合并，企业股东在该企业合并发生时取得的股权支付金额不低于其交易支付总额的 85%，以及同一控制下且不需要支付对价的企业合并"的规定，适用特殊税务处理
契税	土地承受方	根据财税〔2008〕175 号文的规定：三、企业合并，两个或两个以上的企业，依据法律规定、合同约定，合并改建为一个企业，且原投资主体存续的，对其合并后的企业承受原合并各方的土地、房屋权属，免征契税
价调基金	价调基金	合并不产生收入
印花税	购销合同	合并不属于购销设备
	产权转移书据	财税〔2003〕183 号：三、关于产权转移书据的印花税：企业因改制签订的产权转移书据免予贴花。（2）以合并或分立方式成立的新企业，其新启用的资金账簿记载的资金，凡原已贴花的部分可不再贴花，未贴花的部分和以后新增加的资金按规定贴花

五、工商登记事项说明

公司分立程序：

公司分立[注1]可以采取派生分立和新设分立两种形式。

公司需分立的，公司股东会作出决议，并按《公司法》的规定，履行通知债权人、处理债权债务义务后，向公司登记机关提交相关登记材料[注2]，申请变更登记。

（一）派生分立（建材厂适用）

派生分立是指公司将一部分资产分出去另设一个或若干个新的公司，原公司存续。另设的新公司应办理开业登记，存续的原公司办理变更登记。

1. 分立后存续公司办理变更登记，应提交下列文件、证件：

（1）公司法定代表人签署的《公司变更登记申请书[注3]》；

（2）分立各方签订的分立协议[注4]和公司股东会（或其所有者）同意分立的决议（主要写明分立出几个公司，分立的主要内容）；

（3）公司在报纸上发布三次分立公告（参考式样1）；

（4）公司作出的债务清偿或债务担保情况的说明[注5]；

（5）公司新一届股东会决议（参考式样2，主要写明：总股本及其股本构成、公司领导班子有否变化、公司章程修改、其他需变更的事项）；

（6）章程修正案（参考式样3，主要列示章程变动情况对照表或新章程）；

（7）由新一届股东会全体股东出具的《确认书[注3]》；

（8）《公司股东（发起人）名录（A：法人）[注3]》、《公司股东（发起人）名录（B：自然人）[注3]》、《公司法定代表人履历表[注3]》、《公司董事会成员、经理、监事会成员情况[注3]》；

（9）公司营业执照正副本原件及由工商局档案室提供加盖工商局档案专用章的公司章程复印件。

2.派生新设公司办理开业登记，应提交下列文件、证件：

（1）公司董事长签署的《公司设立登记申请书[注3]》和其他开业登记材料（见第三部分"有限责任公司设立开业审批、核准程序"）；

（2）分立各方签订的分立协议[注4]和原公司股东会（或其所有者）同意分立的决议（主要写明分立出几个公司，分立的主要内容）；

（3）原公司在报纸上发布三次分立公告；

（4）原公司作出的债务清偿或债务担保情况的说明[注5]；

（5）原公司营业执照复印件（需加盖发照机关印章）。

注1：公司分立是指一个公司依法签订分立协议、不经清算程序，分设为两个或两个以上公司的法律行为。公司分立可分为派生分立和新设分立二种形式。

注2：材料填报应使用钢笔、毛笔或签字笔工整地书写。表式及文件、证件上要求本人签字的，必须由本人亲笔签署，不能以私章替代。表式及文件、证件等申报材料，凡未注明可提供复印件的，必须提供原件。注明可提供复印件的，申请人提交时需出示相应的原件供工商登记机关进行核对；属单位原件，如确有特殊原因不能出示进行核对的，应在复印件上注明"本复印件与原件一致"并加盖该单位印章。投资人可委托他人办理登记，被委托办理登记的人员，应出具本人身份证和委托方签署的书面委托书。

注3：表式由工商登记机关制发，申请人可到工商登记机关的注册专窗领取。

注4：分立协议应当包括以下内容：

（1）分立前公司和分立后存续、新设公司的名称、地址等基本情况；

（2）分立后存续、新设公司总股本及股本结构，股东的姓名（名称）、地址等基本情况；

（3）分立解散公司注销手续的办理方案（仅指新设分立形式中的原公司）

（4）原公司资产划分后分立各方所拥有的财产范围和所承接的债权、债务；

（5）分立后各方公司的经营范围；

（6）分立各方认为应当载明的其他事项。

注 5： 公司债务清偿或债务担保的说明必须具备如下要点：

（1）公司截止股东会作出合并或分立决议之日共有多少债务；

（2）公司截止办理合并或分立登记手续之日前已偿还多少债务，剩余的债务如何处理；

（3）承诺，本债务清偿或债务担保情况说明不含虚假内容，如有虚假，全体股东愿承担相应的一切法律责任。

注 6： 公司注销时，如在本市有对外长期投资的，则应出具其所投资企业股权已处理完毕的证明；如公司在本市有下属分公司的，则还应出具所有分公司已注销的证明。

相关文书式样如下：

参考式样 1

XX 公司分立公告

经本公司股东会于　　　年　　月　　　日讨论决定：本公司分立为 XX 公司、……，特此公告。

请债权人自接到本公司通知书之日起三十日内，未接到通知书的自本公司第一次公告之日起九十日内，对自己是否要求本公司清偿债务或者提供相应的担保作出决定，并于该期间内通知本公司，否则，本公司将视其为没有提出要求。

日期：　　　年　　月　　　日

参考式样 2

XX 公司股东会决议

——关于同意增加（减少）注册资本、调整领导班子、修改公司章程的决定。

根据《公司法》及本公司章程的有关规定，本公司于　年　月　日召开了公司股东会，会议由代表　　%表决权的股东参加，经代表　　%表决权的股东通过，作出如下决议：

1.同意 XXX 公司、……并入本公司（同意本公司分立出 XXX 公司、……）。

2.因合并，本公司的注册资本由原来的　　万元增（减）至　　万元（因分立，本公司的注册资本由原来的　　万元减〔增〕至　　万元）。

3.公司合并（分立）后的最新股权结构如下：　　　，出资额为　　万股，占注册资本的　　%；……

4.同意调整公司领导班子。

5.同意修改公司章程，具体修改内容见"XX 公司章程修正案"或见"X 年 X 月 X 日修改后的公司新章程"。

公司股东会

法人（含其他组织）股东（盖章）并由法定代表人签字：

自然人股东：

日期：　年　月　日

参考式样 3

公司章程修正案

根据　　年　　月　　日 XX 公司股东会决议，本公司章程作如下修改：

原章程内容第 XXX 章第 XXX 条：……　　　修改后的章程内容第 XXX 章第 XXX 条：……

公司股东会

法人（含其他组织）股东（盖章）并由法定代表人签字：

自然人股东：

日期： 年 月 日

六、企业资产正常转让状况下税负测算情况

企业分立要编制分割的资产清单并报国资委备案，工商注册登记一般程序需要评估验资。

表1 建材厂资产明细汇总表

序 号	名 称	金 额	备 注
1	固定资产（设备）	34,710,463.41	
2	库存商品	10,600,276.89	
3	房屋不动产	325,034,211.09	
	合 计	370,344,951.39	

表2 正常转让建材厂涉及的税收金额

序号	项 目	计税金额	应交税款
1	转让不动产（适用5%的税率）	325,034,211.09	16,251,710.55
2	转让设备（适用4%减半征收）	34,710,463.41	667,508.91
3	转让库存商品（库存物资适用17%的税率）	10,600,276.89	1,802,047.07
	小 计	370,344,951.39	18,721,266.54

序号	项　目	计税金额	应交税款
4	营业税增值税的附加税	18,721,266.54	1,872,126.65
5	价调基金	370,344,951.39	370,344.95
6	契税	325,034,211.09	9,751,026.33
7	购销合同印花税	45,310,740.30	27,186.44
8	产权转移书据印花税	325,034,211.09	325,034.21
	小　计		12,345,718.59
	合　计		31,066,985.13

七、建材厂分立合并方案适用税法依据

1.增值税（总局公告〔2011〕13 号）

2.契税（财税〔2008〕175 号）

3.土地增值税（财税字〔1995〕048 号）

4.印花税（财税〔2003〕183 号）

5.营业税（财税〔2002〕191 号）、（国税发〔2002〕69 号）

6.企业所得税（财税〔2009〕59 号）、（总局公告〔2010〕4 号）

案例 3-4 关于 XX 置业有限公司耕地占用税税收筹划案例

尤尼泰（贵州）税务师事务所有限公司 许义贤

项目来源：2011 年税收专检项目

项目所属行业：房地产开发企业

项目筹划时间：2011 年 X 月

案件所属期间：2011 年 X 月 X 日

主要推荐理由：对于房地产开发行业在以出让方式取得房屋开发项目用地的情况下，涉及耕地占用税、土地使用税等税种，由于税收征管环境和基础管理的差异，给税收筹划带来了一定的空间，通过对此项目的筹划，对类似情况有一定的借鉴意义。

主要涉税争议：房地产开发企业纳税人在通过以出让方式招标、拍卖、挂牌出售得到房开项目建设用地的情形下，该建设用地在当地政府机关依法征用前为耕地的，建设用地受让人是否为耕地占用税纳税义务人的涉税争议。

一、基本情况

2011 年 X 月 X 日，X 州 XX 置业有限公司（以下简称 XX 置业）通过出让方式，取得 X 市国土资源局 2011 年 X 月 X 日发布出让公告的 2011XXX 号宗地。XX 置业于 2011 年 X 月 X 日与出让方 X 市国土资源局签订土地出让合同，合同约定于 2011 年 X 月 X 日将出让宗地交付 XX 置业之后，XX 置业相继取得用地批复等用地手续，将土地投入商住综合用地开发房地产项目进行建设。

对该项目地税部门认为 XX 置业取得的土地在征用前为耕地，应按占地面积计算缴纳 20 元/m² 的耕地占用税，并在满 1 年后按占地面积计算缴纳 10 元/m² 的土地使用税，对此，XX 置业提出异议：通过出让方式取得的建设用地，取得前其用途已经改变，不属于耕地，因此，XX 置业认为其不是耕地占用税的纳税人。

二、筹划内容

1. 对 XX 置业提出的涉税争议情况进行调查，到 X 市国土资源局调取耕地变更资料及建设用地许可证、到州工商管理局等相关部门取证。

2. 对取得的相关资料证据分析汇总，提取纳税人相关资料后，提出争议解决方案。

（1）调取 XX 置业 2011 年 X 月 X 日至 2012 年 X 月 X 日会计账簿、凭证、报表、合同及相关资料，进行筹划分析；

（2）从 XX 置业行业主管部门调取出让土地的涉税资料进行核实检查；

（3）调取管理部门存档的各项涉税档案资料，对涉税情况进行分析，与外调取得的证据资料进行比对检查；

（4）对 XX 置业提出的涉税争议税收相关政策进行梳理，及时与税务部门进行沟通协调；

（5）按程序提交 X 州地方税务局地方税管理科，申请对涉税争议税收相关政策执行予以明确。

三、结果

通过以上工作，税务师最终为 XX 置业减少耕地占用税 180 余万元，免于处罚 90 余万元。

四、建议及启示

（一）案例分析

耕地占用税是我国开征的一个政策调控作用为主的税种，属地方财政专项用途开征的行为税税种。随着 2015 年初下发的国发 2 号文件精神，各地必将加快发展小城镇建设的步伐，耕地占用税这一税种将成为地方税务管理部门长期予以关注的一个地方税税种。而在近几年房地产开发行业的崛起中，耕地占用税的征管未能及时跟进、有效地管理予以规范，不可避免地出现漏征、漏管现象，并且因为相关税收政策原因，在税收征管中与纳税人存在着普遍的纳税争议。

从 2009 年至今，各地也相继出台涉及房地产开发行业及其他行业使用耕地的一些规范性文件规定，进一步促使有序开发利用耕地资源的生产经营行为逐渐规范，地方税税收主管部门，目前正处于如何及时合理、公平高效地履行耕地占用税的税收征管职责的构建阶段。我们如何利用一些特殊情况、临时情况以及税法不能完全涵盖每一项经济业务的现实状况，进行一些这方面业务税收筹划，将耕地占用税、土地使用税的相关税收政策深入研究、为纳税人在遵纪守法的情况下获得利益的最大化进行探索。

1.对房地产开发企业的涉税代理中，耕地占用税涉及了土地开发成本的计算与扣除问题。一是在土地增值税的清算中，若房地产开发企业未缴耕地占用税，那么扣除的成本就不得包含耕地占用税，但若耕地占用税的纳税人是土地出让方的，其出让价款是否包含了耕地占用税？若包含，是否能够允许其作为土地成本予以扣除？二是在企业所得税的汇缴时，其土地支付的成本、费用、税款中，对于认定为非耕地占用税纳税人的房地产开发企业，其支付的地价款中若已包含耕地占用税的情形，是否在企业所得税扣除项目中按资本化处理？

2.对于因以前的耕地征用、开发建设等一系列地方政策不规范造成的耕地占用税遗留问题，是否进行追缴清算？作为企业涉税代理，能否找到一个行之有效的办法，理顺企业耕地占用税的纳税义务人，为推动我们的涉税筹划业务健康发展提供借鉴。

（二）原因分析

本案中耕地占用税产生纳税争议的主要原因是相关税收政策不明晰，对新出现的涉税行为未及时规范税收政策导致。同时，地方政府出让用地、拍卖用地的不规范操作一定程度上加大了耕地占用税的征管难度，给涉税代理留下了筹划空间。

案例 3 – 5　某房地产公司关于信托利息费用的筹划案例

尤尼泰（湖北）税务师事务所有限公司　涂用辉

一、摘要

因国家宏观调控、经济下行等因素的影响，房地产企业的资金严重不足，从信托、基金等机构获得资金成为其重要的融资来源。信托基金公司为了监控其资金的安全性，往往是以"名股实债"方式进行的：信托机构以入资持股的方式向房地产企业提供资金，房地产企业承诺支付固定比率或固定金额的投资收益，一定期限后房地产企业将股权赎回，信托机构收回本金和利息后退出。这种融资模式，形式上是股权的持有和退出，实质上却是债务资金的发放和收取。在实际操作中，因信托基金公司的资金从其他渠道募集而来，需要向其他方支付利息，但不能全额开具发票，只能开具加盖财务专用章的自制收据。因利息成本较高且无发票，无法在税前扣除其融资成本，导致房地产企业税负大幅增加。

二、案例经济业务情况说明

某房地产公司开发一商业楼盘项目时，向当地某信托公司融资 5 亿元，以明股实债方式介入，合同约定按年 20% 收取固定利息，资金使用期限为 2 年，不能提供利息发票。

项目基本财务情况为：销售收入 10 亿元、土地和开发成本合计 6 亿元（其中信托机构 5 亿元）、销售和管理费用按收入 3% 计算、2 年信托利息合计 2 亿元。相关税费计算如下：

营业税金及附加：100,000×5.7%=5,700 万元

土地增值税：

销售收入：100,000 万元

土地和开发成本：60,000 万元

房地产开发费用：6,000 万元（60,000×10%）（未取得利息发票，计算扣除）

加计扣除：12,000 万元（60,000×20%）

扣除额合计：83,700 万元（60,000+6,000+12,000+5,700）

增值额：16,300 万元（100,000-83,700）

增值率：19.47%（16,300÷83,700）

应缴土地增值税：4,890 万元（16,300×30%）

企业所得税：

销售和管理费用：3,000 万元（100,000×3%）

企业所得税：6,602.50 万元[（100,000-60,000-5,700-4,890-3,000）×25%]（支付的利息费用未取得发票，全额纳税调增）

税款合计：17,192.50 万元（5,700+4,890+6,602.50）

净利润：-192.50 万元（100,000-60,000-3,000-17,192.50-20,000）

另外，信托公司营业税及附加：20,000×5.7%=1,140 万元。利息收入 20,000 万元并入应纳税所得额计算缴纳企业所得税。

三、依据的相关税收政策以及政策分析

1.《国家税务总局关于企业混合性投资业务企业所得税处理问题的公告》（国家税务总局公告 2013 年第 41 号）：一、企业混合性投资业务，是指兼具权益和债权双重特性的投资业务。同时符合下列条件的混合性投资业务，按本公告进行企业所得税处理：（一）被投资企业接受投资后，需要按投资合同或协议约定的

利率定期支付利息（或定期支付保底利息、固定利润、固定股息，下同）；（二）有明确的投资期限或特定的投资条件，并在投资期满或者满足特定投资条件后，被投资企业需要赎回投资或偿还本金；（三）投资企业对被投资企业净资产不拥有所有权；（四）投资企业不具有选举权和被选举权；（五）投资企业不参与被投资企业日常生产经营活动。二、符合本公告第一条规定的混合性投资业务，按下列规定进行企业所得税处理：（一）对于被投资企业支付的利息，投资企业应于被投资企业应付利息的日期，确认收入的实现并计入当期应纳税所得额；被投资企业应于应付利息的日期，确认利息支出，并按税法和《国家税务总局关于企业所得税若干问题的公告》（2011 年第 34 号）第一条的规定，进行税前扣除。（二）对于被投资企业赎回的投资，投资双方应于赎回时将赎价与投资成本之间的差额确认债务重组损益，分别计入当期应纳税所得额。

2.《国家税务总局关于企业所得税若干问题的公告》（国家税务总局公告 2011 年第 34 号）一、关于金融企业同期同类贷款利率确定问题：根据《实施条例》第三十八条规定，非金融企业向非金融企业借款的利息支出，不超过按照金融企业同期同类贷款利率计算的数额的部分，准予税前扣除。鉴于目前我国对金融企业利率要求的具体情况，企业在按照合同要求首次支付利息并进行税前扣除时，应提供"金融企业的同期同类贷款利率情况说明"，以证明其利息支出的合理性。"金融企业的同期同类贷款利率情况说明"中，应包括在签订该借款合同当时，本省任何一家金融企业提供同期同类贷款利率情况。该金融企业应为经政府有关部门批准成立的可以从事贷款业务的企业，包括银行、财务公司、信托公司等金融机构。"同期同类贷款利率"是指在贷款期限、贷款金额、贷款担保以及企业信誉等条件基本相同下，金融企业提供贷款的利率。既可以是金融企业公布的同期同类平均利率，也可以是金融企业对某些企业提供的实际贷款利率。五、投资企业撤回或减少投资的税务处理：投资企业从被投资企业撤回或减少投资，其取得的资产中，相当于初始出资的部分，应确认为投资收回；相当于被投资企业累计未分配利润和累计盈余公积按减少实收资本比例计算的部分，应确认为股息所得；其余部分确认为投资资产转让所得。被投资企业发生的经营亏损，由被投资企业按规定结转弥补；投资企业不得调整减低其投资成本，也不得将其确认为投资损失。

3.《企业资产损失所得税税前扣除管理办法》（国家税务总局公告 2011 年第 25 号）规定：本办法所称资产是指企业拥有或者控制的、用于经营管理活动相关的资产，包括现金、银行存款、应收及预付款项（包括应收票据、各类垫款、企业之间往来款项）等货币性资产，存货、固定资产、无形资产、在建工程、生产性生物资产等非货币性资产，以及债权性投资和股权（权益）性投资。

四、税收筹划情况

（一）筹划思路

房地产公司与信托机构签订融资协议时，约定的合同条款符合 2013 年第 41 号公告规定的五个条件，按期支付的利息和信托主体退出时能按照 2013 年第 41 号公告规定的要求进行企业所得税处理。

将应付 20% 信托利息分为两部分，一部分为 10% 计算的利息按合同约定日期支付，另 10% 计算的利息计入股权回购价中在赎回投资本金时一并支付。按照总局 2013 年第 41 号公告的规定，符合要求的利息支出可以税前直接扣除，投资赎回时赎价与实收资本之间的差额确认为新的投资成本，可以在以后股权转让时税前扣除。

（二）相关税费（企业及原股东）测算（基础数据同上）

营业税金及附加：$100,000 \times 5.7\% = 5,700$ 万元

土地增值税：4,890 万元（利息费用计算扣除，同上）

企业所得税：

销售和管理费用 3%：3,000 万元

财务费用：10,000 万元（贷款利率满足税收征管要求）

股权转让成本增加：10,000 万元

企业所得税：1,602.50 万元

〔(100,000-60,000-5,700-4,890-3,000-10,000-10,000)×25%〕

税款合计：12,192.50 万元（5,700+4,890+1,602.50）

净利润：4,807.50 万元（100,000-60,000-3,000-12,192.50-20,000）

另：信托公司营业税及附加：10,000×5.7%=570 万元。利息收入 10,000 万元和投资收益 10,000 万元并入应纳税所得额计算缴纳企业所得税。

（三）筹划后税款差异

按照上述思路筹划后，房地产公司企业所得税减少 5,000 万元，相应净利润增加 5,000 万元。信托公司利息收入营业税减少 570 万元，企业所得税无影响。

五、筹划注意要点

（一）满足混合性投资业务五个条件

根据总局 2013 年第 41 号公告的规定，五个条件必须同时满足才能适用，故房地产公司与信托公司在约定合同条款时须注意以下内容：

1. 被投资企业需要按投资合同或协议约定的利率定期支付利息，包括支付保底利息、固定利润或固定股息等。此类投资回报不与被投资企业的经营业绩挂钩，不是按企业的投资效益进行分配，也不是按投资者的股份份额取得回报。故不得在合同中约定与经营业绩挂钩的浮动利率。

2. 根据国家税务总局办公厅的政策解读：被投资企业偿还本金或赎回投资后，

作减资处理。即应按照《公司法》的规定履行相应的法律程序，并按 2011 年第 34 号公告的要求进行相应的税务处理。在实务中，有很多协议中约定信托主体退出时由其他股东直接回购信托股权，不符合第二条"被投资企业需要赎回投资或偿还本金"的要求。对于这个问题，房地产企业在约定信托融资模式时需要提前考虑，筹划好正确的退出方式。

3. 信托机构为确保资金安全、保障其相关利益，会利用其控股股东地位行使表决权，参与房地产公司日常经营管理、对重大事项行使一票否决权。故在信托融资协议中，在保障信托机构利益的前提下，要注意相关约定与 41 号公告中第四、第五条规定相符。

（二）关于"金融企业的同期同类贷款利率情况说明"

为规避监管要求，金融机构一般会将高额利息收入转化为顾问费或咨询费，故房地产企业在日常工作中，应按照 2011 年第 34 号公告的具体要求，收集"本省任何一家金融企业提供同期同类贷款利率情况"的相关资料，以证明本公司利息支出的合理性。

（三）41 号公告的适用范围

总局 2013 年第 41 号公告中只规定了"名股实债"利息支出在企业所得税前可以扣除，并未明确"名股实债"产生的融资成本能在土地增值税清算时扣除。房地产企业在测算融资成本和土地增值税时均应考虑到该因素的影响。

案例 3 - 6　关于 A 公司转让土地的交易模式分析案例

尤尼泰（陕西）税务师事务所有限公司　刘喜

摘要

A 公司出于资产重组的需要，拟对其名下一块土地进行转让。我们接受委托，为其提供可行性交易方案，并对交易流程、涉及的税费及优缺点进行比较分析，为委托方选择合理的交易方案提供参考，使企业收益最大化。

方案一　企业先进行分立，然后再通过股权转让实现目的

分立，是指一家企业（以下称为被分立企业）将部分资产分离转让给现存或新设的企业（以下称为分立企业），被分立企业股东换取分立企业的股权或非股权支付，实现企业的依法分立。原公司的债权债务可由原公司与新公司分别承担，也可按协议由原公司独立承担。新公司取得法人资格，原公司也继续保留法人资格。

A 公司通过分立成立 B 公司，A 公司把土地划分到 B 公司。

现就有关分立流程、税费说明如下：

一、操作步骤

1. A 公司股东签署公司分立股东会决议。

2. 到工商域名核准新设企业名称。

3. A 公司应当自作出分立决议之日起十日内通知债权人，并于三十日内在报纸上公告。

4. 根据土地规划、设计、公司分立等文件向管委会申请转让土地批准文件。

5. A 公司对其往来款等未入账部分进行自查，按照会计制度规定进行正确

账务处理。

6.A 公司聘请会计师事务所对分立日的资产、负债、所有者权益根据股东会分立决议出具企业分立审计报告。

7.A 公司聘请评估公司对分立出去的资产负债所有者权益进行评估，出具评估报告。

8.A 公司向契税征收部门申请出具所分离土地或建筑物契税免税证明。

9.A 公司向主管税务机关申请出具所分离土地或建筑物的房产税、土地使用税的缴纳证明。

10.A 公司向税政科申请出具土地增值税缴纳证明。

11.A 公司提交契税与土地增值税证明及其他土地部门要求的资料，向土地部门提出《土地变更登记申请书》，经审核同意发放土地使用证书。

12.根据土地使用证书、企业分立审计报告及股东会决议到工商部门成立新设企业。

13.分立企业一年后进行股权转让，双方实现交易目的。

14.股权转让时要求进行评估并挂牌。

15.向 B 公司工商税务部门办理股权转让变更手续。

二、涉税情况

1.A 公司

（1）营业税：不交

《国家税务总局关于纳税人资产重组有关营业税问题的公告》（国家税务总局公告 2011 年第 51 号）规定，纳税人在资产重组过程中，通过合并、分立、出售、置换等方式，将全部或者部分实物资产以及与其相关联的债权、债务和劳动力一并转让给其他单位和个人的行为，不属于营业税征收范围，其中涉及的不动产、土地使用权转让，不征收营业税。

（2）土地增值税：房地产企业要缴纳

《财政部 国家税务总局关于企业改制重组有关土地增值税政策的通知》（财税〔2015〕5 号）规定，按照法律规定或者合同约定，企业分设为两个或两个以上与原企业投资主体相同的企业，对原企业将国有土地、房屋权属转移、变更到分立后的企业，暂不征收土地增值税。上述改制重组有关土地增值税政策不适用于房地产开发企业。

（3）企业所得税 ：符合特殊性税务处理规定的不用缴纳

《财政部 国家税务总局关于企业重组业务企业所得税处理若干问题的通知》（财税〔2009〕59 号）规定，符合特殊性税务处理条件的，被分立企业资产和负债的计税基础，按原有计税基础确定，分立时不用缴纳企业所得税。符合特殊性税务处理条件：①企业分立，被分立企业所有股东按原持股比例取得分立企业的股权，分立企业和被分立企业均不改变原来的实质经营活动。②分立后的企业连续 12 个月内不改变分立资产原来的实质性经营活动。③企业分立中取得股权支付的原主要股东，在分立后连续 12 个月内，不得转让所取得的股权。

（4）印花税：免税

《财政部 国家税务总局关于企业改制过程中有关印花税政策的通知》（财税〔2003〕183 号》规定：企业因改制签订的产权转移书据免予贴花。

2. 新设 B 公司

（1）契税：免征契税

《关于进一步支持企业事业单位改制重组有关契税政策的通知》（财税〔2015〕37 号）规定：公司依照法律规定、合同约定分立为两个或两个以上与原公司投资主体相同的公司，对分立后公司承受原公司土地、房屋权属，免征契税。

（2）印花税

财税〔2003〕183 号文件规定，以合并或分立方式成立的新企业，其新启用的资金账簿记载的资金，凡原已贴花的部分可不再贴花，未贴花的部分和以后新增加的资金按规定贴花。

3.股权转让环节涉税分析

（1）土地增值税

《国家税务总局关于以转让股权名义转让房地产行为征收土地增值税问题的批复》（国税函〔2000〕687号）文件内容：你局《关于以转让股权名义转让房地产行为征收土地增值税问题的请示》（桂地税报〔2000〕32号）收悉。鉴于深圳市能源集团有限公司和深圳能源投资股份有限公司一次性共同转让深圳能源（钦州）实业有限公司100％的股权，且这些以股权形式表现的资产主要是土地使用权、地上建筑物及附着物，经研究，对此应按土地增值税的规定征税。按此文件分析，存在缴纳土地增值税的风险。

（2）企业所得税

股权转让溢价需缴纳企业所得税。

三、优缺点

1.优点

（1）企业分立土地过户审批要比投资过户相对容易。

（2）营业税、企业所得税、契税、印花税不用缴纳。

2.缺点

（1）交易过程时间长，要超过一年时间，否则不符合特殊性税务处理规定，需缴纳企业所得税。当事各方应在该重组业务完成当年企业所得税年度申报时，向主管税务机关提交书面备案资料，证明其符合各类特殊性重组规定的条件。企业未按规定书面备案的，一律不得按特殊重组业务进行税务处理。

（2）《中华人民共和国公司法》第一百七十七条规定，公司分立前的债务由分立后的公司承担连带责任。但是，公司在分立前与债权人就债务清偿达成书面协议另有约定的除外。

（3）分立企业成立一年以后进行股权转让，要承担 B 公司一年内的经营风险。

（4）房地产企业分立和股权转让环节有缴纳土地增值税的风险。

四、建议

1. 土地增值税

A 公司在分立时要分析测算土地增值税的影响。

2. 企业所得税

B 公司股权转让行为要在分立重组 12 个月以后进行。

方案二　企业以土地投资全资子公司, 然后再通过股权转让实现目的

一、操作步骤

1. 以土地投资成立子公司

（1）　A 公司签署有关成立子公司股东会决议。

（2）　A 公司先以货币资金投资成立新公司。

（3）　A 公司签署以土地投资入股协议。

（4）　A 公司向管委会申请转让土地批准文件。

（5）　A 公司聘请契税征收部门、工商、税务部门认可的评估公司出具评估报告。应提供市场比较法或其他能够如实反映土地房产市场公允价的评估报告。

（6）根据评估价向契税部门申请缴纳契税或办理免税证明。

（7）　向主管税务机关申请审核出具所转让的房产、土地历年完税证明。

（8）　向税政科申请审核土地增值税免税证明。

（9）向土地部门提出《土地变更登记申请书》，经审核同意发放土地使用证书。

（10）向工商部门办理土地投资入股注册资本增资备案手续。

（11）A 公司签署股权转让协议, 实现交易目的。

2.股权转让步骤

（1）　A公司聘请会计师事务所对其截止转让日的财务报表进行审计，确认转让时A公司的资产、负债和所有者权益。

（2）　受让方对转让方财务情况进行调研，包括土地是否已抵押等进行风险评估。

（3）　转让双方各自签署同意进行股权交易股东会决议。

（4）　聘请评估公司出具资产评估报告，要对A公司整体资产负债进行评估后确定公司所有者权益。应提供市场比较法或其他能够如实反映土地房产市场公允价的评估报告。

（5）　A公司在股权交易市场挂牌交易。

（6）　转让双方按不低于评估报告的净资产价格签订股权转让协议。

（7）　变更公司章程、去工商部门办理股东及股权变更手续。

（8）　转让方去税务部门办理股东变更及股权转让备案。

二、涉税情况

1.A公司

（1）营业税

《财政部、国家税务总局关于股权转让有关营业税问题的通知》（财税〔2002〕191号）规定，以无形资产、不动产投资入股，接受投资方利润分配，共同承担投资风险的行为，不征收营业税。即对股权转让行为不征收营业税。

（2）企业所得税

《财政部　国家税务总局关于非货币性资产投资企业所得税政策问题的通知》（财税〔2014〕116号）规定：企业以非货币性资产对外投资，应对非货币性资产进行评估并按评估后的公允价值扣除计税基础后的余额，计算确认非货币性资产转让所得。

企业在对外投资 5 年内转让上述股权或投资收回的，应停止执行递延纳税政策，并就递延期内尚未确认的非货币性资产转让所得，在转让股权或投资收回当年的企业所得税年度汇算清缴时，一次性计算缴纳企业所得税。

《国家税务总局关于非货币性资产投资企业所得税有关征管问题的公告》（国家税务总局公告 2015 年第 33 号）规定：关联企业之间发生的非货币性资产投资行为，投资协议生效后 12 个月内尚未完成股权变更登记手续的，于投资协议生效时，确认非货币性资产转让收入的实现。

（3）土地增值税

《财政部 国家税务总局关于企业改制重组有关土地增值税政策的通知》（财税〔2015〕5 号）规定，单位、个人在改制重组时以国有土地、房屋进行投资，对其将国有土地、房屋权属转移、变更到被投资的企业，暂不征土地增值税。

上述改制重组有关土地增值税政策不适用于房地产开发企业。

《国家税务总局关于以转让股权名义转让房地产行为征收土地增值税问题的批复》（国税函〔2000〕687 号）文件内容：你局《关于以转让股权名义转让房地产行为征收土地增值税问题的请示》（桂地税报〔2000〕32 号）收悉。鉴于深圳市能源集团有限公司和深圳能源投资股份有限公司一次性共同转让深圳能源（钦州）实业有限公司 100 ％的股权，且这些以股权形式表现的资产主要是土地使用权、地上建筑物及附着物，经研究，对此应按土地增值税的规定征税。按此文件分析，存在缴纳土地增值税的风险。

2.B 公司

契税：投资需要征收契税。《财政部 国家税务总局关于进一步支持企业事业单位改制重组有关契税政策的通知》（财税〔2015〕37 号）文件中未提及投资免契税。

三、优缺点

1.优点

（1）投资免营业税。

（2）工作流程简单、时间快。

（3）只需要出评估报告，不用出分立报告，节约审计费用。

2.缺点

（1）投资环节要缴纳企业所得税、土地增值税。

（2）B公司要缴纳契税。

四、建议

1.契税问题

投资环节是否征收契税各地执行政策有差异，部分地区依据国税函〔2008〕514号文件对"土地、房屋权属划转"的解释，母公司用土地、房屋出资成立全资子公司，属于同一投资主体内部所属企业之间的土地、房屋权属划转，根据财税〔2015〕37号文件规定，也可以继续享受免征契税优惠。

但在实际工作中主管契税部门认为投资是要缴纳契税的，因财税〔2015〕37号文件中只提划转免契税，未提及投资，所以投资不免。据此可根据具体情况争取优惠政策。

2.土地增值税

股权转让环节是否交纳土地增值税争议很大，需具体情况具体分析。

五、筹划方案选择

上述方案各有优缺点，企业要结合自身实际情况及经营风险因素来考虑选择。不论采取哪种方案，前提条件是土地可以过户，根据《中华人民共和国城市房地产管理法》的规定，按照出让合同约定进行投资开发，属于房屋建设工程的，完成开发投资总额的25%以上，才可以过户。

第四章　涉外案例

案例 4 - 1　非居民企业享受税收协定待遇的案例分析

尤尼泰（上海）税务师事务所有限公司　　曹辉

甲公司是一家注册于上海浦东新区的外商独资企业，成立于 1999 年 6 月，投资方为境外非居民企业 A 公司。A 公司为注册于避税地 BVI 的公司，2008 年 A 公司的实际经营地从 BVI 搬迁到香港。

2007 年以前甲公司对税后利润每年进行分配，A 公司按《外商投资企业和外国企业所得税法》的规定，非居民企业从境内直接投资的外商投资企业分回的税后利润可享受免税待遇。

2008 年 1 月 1 日起，执行《中华人民共和国企业所得税法》第三条第三款规定，非居民企业在中国境内未设立机构、场所的，或者虽设立机构，场所但取得的所得与其所设机构、场所没有实际联系的，应当就其来源于中国境内的所得缴纳企业所得税。第四条规定，税率为 20%。第十九条第一款规定，股息红利等权益性投资收益和利息、租金、特许权使用费所得，以收入全额为应纳税所得额。《中华人民共和国企业所得税法实施条例》第九十一条规定，非居民企业取得企业所得税法第二十七条第（五）项规定的所得，减按 10% 的税率征收企业所得税。

甲公司在 2014 年准备对 2013 年度的税后利润进行分配，按照一般非居民企业从境内公司取得税后利润的规定，需按 10% 缴纳预提所得税。甲公司想按照内地和香港特别行政区的税收安排，享受优惠税率，于 2014 年 3 月向税务局提出非居民企业享受税收协定待遇申请。税务机关受理后退回了甲公司的申请，原因是

A 公司的注册地址为 BVI，中国与 BVI 没有税收协定，不得享受优惠税率。A 公司特向我所请教，甲公司的股东 A 公司是否存在按香港居民享受税收安排的优惠税率的可能。

我所承接此业务后，查阅了相关税收文件和资料，初步认为只要 A 公司被判定为香港居民公司，而不是按注册地判定为 BVI 公司，即可享受内地与香港的税收安排。

按照《〈内地与香港特别行政区关于所得避免双重征税和防止偷漏税的安排〉有关条文解释和执行问题的通知》（国税函〔2007〕403 号）第二条规定，《安排》在内地于 2007 年 1 月 1 日执行，适用于纳税人 2007 年 1 月 1 日以后取得的所得。A 公司 2014 年取得甲公司 2013 年的税后利润，符合要求。该《通知》第三条第二款第三点规定，香港特别行政区居民分为个人居民和法人居民。其中香港法人居民，是指在香港成立的法团公司（包括具有法团地位的公司）；或在香港以外成立的，但通常实际管理机构或控制中心在香港的法团公司，及公司整体日常运营的管理或施行管理决策，或由董事会制定管理决策等在香港进行。根据规定，只要证明 A 公司是在香港以外成立的，实际管理或控制中心在香港的社团公司即可。由此我们建议 A 公司向浦东新区税务局申请开具《关于请香港特别行政区税务主管当局出具居民身份证明的函》，经香港税务主管当局确认取得了《香港特别行政区居民身份证明书（香港以外成立为法团的公司/组成的合伙、信托或其他团体）》。

A 公司取得香港税务主管当局的身份证明书后，我所认为还需证明 A 公司为实际的"受益所有人"，才能申请享受税收协定待遇。

根据国税函〔2009〕601 号文件规定，"受益所有人"是指对所得或所得据以产生的权利或财产具有所有权和支配权的人。"受益所有人"一般从事实质性的经营活动。国家税务总局公告 2012 年第 30 号规定，可以通过公司章程、财务报表、资金流向记录、董事会议记录、董事会决议、人力物力配备情况、相关费用支出、职能风险承担情况等资料进行分析认定。

我所建议 A 公司提供公司章程，2013 年度的会计审计报告，财务报告说明，公司人员情况，工资薪金水平和职权范围，办公地址及房屋产权情况，从境内公司取得股息红利后的资金投向安排等资料，以佐证 A 公司是受益所有人。

A 公司提供的 2013 年度经营情况：

贸易收入：300 万，贸易成本 270 万，股息红利 12,000 万，其他服务收入 1,100 万，运营费用 1,021 万（其中人工费用 1,011 万）。

A 公司董事会决议，公司由原先的单纯投资经营模式，发展为从事贸易，商务咨询，商业推广等经营模式的综合公司。

A 公司有 5 名高级职员，列明详细情况：

姓名	职位	工资（港元）	从事工作、职权范围
Koo Chun Kwok	财务总监	2,378,634	从事财务、会计、资金的运用和核算，制作财务报表及公司纳税事项的办理
Chua Hock Beng Terry	香化、精品采购总监	2,412,202	负责公司香化产品的采购工作，并协助公司精品采购工作。负责全球范围供应商和商品的开发和维护。与供应商签署商务合同
Kwok Ka Wai Salina	精品采购总监	586,785	负责公司精品的采购工作、负责全球范围供应商和商品的开发和维护。与供应商签署商务合同
Tim Lee	董事长助理	2,868,281	负责公司与供应商沟通店面、柜台设计业务；与世界免税协会的联系沟通工作
Lim Guek Boon	营销总监	1,870,000	负责制定销售计划、促销计划，制定营销人员培训规划，负责商品库存情况的把握。

A 公司在香港的办公地址为其关联公司所有，且提供了关联公司的产权证明和支付房屋租赁费的相关证明。

A 公司承诺对取得 2013 年度的股息红利后，对该笔资金已有详细的安排，准备用于境内其他公司的增资并提供了增资公司的前期可行性研究报告等资料。

通过以上资料分析，我所得出以下判定：A 公司所有的董事会决议均在香港公司所在地做出；A 公司章程等相关材料授予 A 公司相关的财产控制权和处置权；A 公司除境内甲公司外还有其他投资项目和其他类型的经营活动；A 公司作为投资公司已将或将所分得的股息红利用于项目投资等资本运作活动；A 公司已发生的相关处置活动是由 A 公司自主做出的决定。由此得出 A 公司基本符合受益所有人的相关规定。

甲公司据此将准备的相关材料向税务局申请 A 公司享受非居民企业税收协定待遇，并于 2015 年 3 月获得税务局的认可。A 公司从境内甲公司获得的股息红利的预提所得税税率由 10% 降为 5%，实际享受的减税额为 2,500 多万元人民币。

案例4-2 上市公司A股B股分红涉及的非贸付汇程序案例

尤尼泰（上海）税务师事务所有限公司　梁峰

一、案例分类

1. 税种分类：预提所得税、个人所得税

2. 行业分类：涉外企业

3. 税收业务分类：税收征管

4. 案例发生时间：2015年1月

二、案例经济业务情况说明

在上海证券交易所上市的某家上海本地股份公司同时发行A股B股，公司属于外商投资企业。A股分红原来一直由中国证券登记结算公司上海分公司（简称中登）代扣A股个人所得税款，并在"中登"机构所在地税务机关缴纳。按照当时政策及B股开户规则，对于发行B股不涉及扣缴股息所得税。新《企业所得税法》及《国家税务总局关于印发〈非居民企业所得税源泉扣缴管理暂行办法〉的通知》(国税发〔2009〕3号)等规定颁布，在上海自2010年起由上市公司对投资A股的QFII\RQFII及沪港通香港投资者并且包括投资B股居民个人投资者、境外非居民企业进行代扣代缴个人所得税及企业所得税。目前上海本地上市公司根据"中登"公司提供明细清单，根据税法规定及登记账户类别及持有时间计算需代扣的税款，由上市公司在机构所在地进行申报缴纳并追溯自2008年起。由于该股份公司涉及B股分红居民个人投资者众多，涉及几万条明细信息记录，涉及A股及B股分红非居民投资者近千条信息记录，所花费申报及缴税时间需持续1-2月以上（个人所得税明细申报的几万条记录每年变动，非贸付汇备案审核需近千张对外支付备案表，扣缴所得税明细申报有近千份申报表）。关于该代扣税款事项与主管税务机关、报税大厅主管税务机关及区局税务相关部门进行商讨如何简化程序，税务机关同意暂时可以统一申报扣缴相应税款总额，但无法对应到个人明细和企业明细。

三、案例的解决、方案及结果

税务机关提出扣缴事项简易程序，但通过分析觉得该事项仍不可行，为上市公司带来后续隐患。目前具体操作是对几万条个人所得税代扣信息通过数据转换导入个税申报系统，能较快完成扣缴个人所得税工作，但涉及近千家非贸付汇扣款，只能按照目前税务非贸付汇流程在税务平台上提供近千次非贸付汇合同备案登记，审核通过后将近千份回执打印后填写扣缴所得税申报表，盖章后到税务机关开具相同份数税单并进行集中缴纳。虽然根据近几年实践，个人代扣 B 股红利税从未有过个人到上市公司申请要求提供代扣代缴凭证，代扣企业所得税（非贸付汇）也很少有机构要求上市公司提供扣缴完税凭证，但上市公司却不得不为这个不确定性花费大量精力和时间成本，税务机关同样不得不根据企业提供申报资料花费大量时间进行备案审核操作及开具扣缴所得税税单。申报及缴税因为流程及税务系统程序造成征纳双方无效果的重复。

该股份公司同时发行A股及B股，原在上市公司之中只是少数不具有普遍性，但是随着 QFII\RQFII 可投资 A 股、沪港通及未来境外通道不断放开，众多上市公司都可能碰到该类扣缴所得税事项。从上市公司角度，最希望"中登"公司代扣各类税款，但按照税法规定应由上市公司履行扣缴义务，上市公司所属地税务机关应提供便捷方式利于扣缴义务人及时扣税及退税，未来希望可通过明确关于该事项扣税流程，统一申报减少中间程序并且直接可以通过电子数据转换为明细记录以备个别纳税人申请退税或者开具完税凭证。

四、依据的相关税收政策以及政策分析

1.《国家税务总局关于中国居民企业向 QFII 支付股息、红利、利息代扣代缴企业所得税有关问题的通知》(国税函〔2009〕47 号)规定，对合格境外机构投资者(简称 QFII)取得来源于中国境内的股息、红利和利息收入，应当按照企业所得税法规定缴纳 10% 的企业所得税，由上市公司代扣代缴。

2.《国家税务总局关于中国居民企业向境外 H 股非居民企业股东派发股息代扣代缴企业所得税有关问题的通知》(国税函〔2008〕897 号)、《国家税务总局关于非居民企业取得 B 股等股票股息征收企业所得税问题的批复》(国税函〔2009〕394 号)规定，中国居民企业向境外非居民企业股东派发 2008 年及以后年度股息时，统一按 10% 的税率代扣代缴企业所得税，由上市公司代扣代缴。

根据《国家税务总局关于境外注册中资控股企业依据实际管理机构标准认定为居民企业有关问题的通知》(国税发〔2009〕82 号)规定，认定为居民企业的境外公司，通过沪港通取得上市公司 A 股红利及投资 B 股红利代扣税款符合条件属于免税股利，可以申请退税。

3. 中国居民企业向全国社会保障基金所持 H 股派发股息不予代扣代缴企业所得税。

4.《关于实施上市公司股息红利差别化个人所得税政策有关问题的通知(财税〔2012〕85 号)》规定，代扣个人所得税税率 5%～20% 由"中登"公司代扣。

5. 对于对香港联交所投资者(包括企业和个人)投资公司 A 股股票("沪股通")，其现金红利将由公司通过中登上海分公司按股票名义持有人账户以人民币派发，扣税根据《财政部、国家税务总局、证监会关于沪港股票市场交易互联互通机制试点有关税收政策的通知》(财税〔2014〕81 号)执行，按照 10% 的税率代扣所得税，对于香港投资者中属于其他国家税收居民且其所在国与中国签订的税收协

定规定股息红利所得税率低于10%的，企业或个人可以自行或委托代扣代缴义务人，向上市公司主管税务机关提出享受税收协定待遇的申请，主管税务机关审核后，应按已征税款和根据税收协定税率计算的应纳税款的差额予以退税。（认定为居民企业境外公司同样可以退税）

6.《企业所得税法》规定，居民企业含义的持有本公司A股的机构投资者，公司不代扣代缴所得税（境内居民企业不能开立B股账户）。

7. 持有B股非居民个人股东，按财政部、国家税务总局1994年5月13日发布的《关于个人所得税若干政策问题的通知》（财税字〔1994〕20号）规定，外籍个人从外商投资企业取得的股息、红利所得暂免征收个人所得税。

从税法上分析上市公司代扣税款事项属于上市公司扣缴义务，但是长久以来主要扣缴行为一直由"中登"公司执行，包括上市公司所在地税务机关也通常这么认为，因此对这类特定事项准备不足，通常按照流程进行操作，税务局本身后台程序对大量数据批处理支持不够。随着税务机关涉税事项信息化的升级改造，上市公司A股B股分红涉及的非贸付汇以便捷方式扣税及退税的程序将有望实现。

案例4-3 非居民股权转让案例

尤尼泰（上海）税务师事务所有限公司 汪晓红

一、案例分类

1. 税种分类：企业所得税

2. 行业分类：物业投资服务

3. 税收业务分类：非贸易付汇（源泉扣缴）

4. 案例发生时间：2015年1月

二、案例经济业务情况说明

A投资人（股东）为台湾人，分别在新加坡、英属处女群岛等地注册了7个法人公司，7个法人公司共同投资在香港注册公司，称为B香港公司，B香港公司无其他任何经营性业务，为中国之物业发展商C物贸公司控制人，持有物产的99%股权，1%为政府持股，C物贸公司是1998年设立的中外合资企业。C物贸公司位于上海虹桥经济开发区，1999年启用，为中国首个永久性国际商贸城，物权土地使用为50年。2013年B香港公司收购政府1%的股权，成为C物贸公司唯一股东，持股100%。

2014年9月，上海一家在香港上市的公司（称为D上市公司）在香港与A投资人共同协商，由D上市公司收购B香港公司，并达成D上市公司与A投资人股权转让协议，收购股权100%。D上市公司成为B香港公司的控制人，实质是成为C物贸公司股东，并于2014年10月在香港、上海进行公示，同年12月在香港进行交割。

D上市公司进行公示的同时，国内税务及有关部门引起高度重视，提出股权转让涉及税收问题。

问题 1：涉及哪些税，在哪里交税？

问题 2：纳税义务人是谁？

问题 3：扣缴义务人是谁？

问题 4：计税价格，税率？

三、案例的解决、方案及结果

1. 缴纳印花税。涉及股权转让书证印花税，在香港办理股权转让交易手续，按香港政府的有关规定在香港办理交给手续时缴纳。

2. 缴纳企业所得税。涉及股权交易所得部分，按源泉所得扣缴 10% 企业所得税。

3. 扣缴义务人：上海 C 物贸公司。

4. 纳税义务人：A 投资人（股东）。

5. 计税依据：交易合同，市场公允价格（评估报告），税务机关确认以正常商业目的出发的交易价格。

四、依据的相关税收政策以及政策分析

1. 政策依据一：源泉所得

《中华人民共和国企业所得税法》第三条规定，居民企业应当就其来源于中国境内、境外的所得缴纳企业所得税。

非居民企业在中国境内设立机构、场所的，应当就其所设机构、场所取得的来源于中国境内的所得，以及发生在中国境外但与其所设机构、场所有实际联系的所得，缴纳企业所得税。

非居民企业在中国境内未设立机构、场所的，或者虽设立机构、场所但取得的所得与其所设机构、场所没有实际联系的，应当就其来源于中国境内的所得缴

纳企业所得税。

《中华人民共和国企业所得税法实施细则》第七条规定，企业所得税法第三条所称来源于中国境内、境外的所得，按照以下原则确定：（三）转让财产所得，不动产转让所得按照不动产所在地确定，动产转让所得按照转让动产的企业或者机构、场所所在地确定，权益性投资资产转让所得按照被投资企业所在地确定。

实际操作：

A 投资人（股东）转让股权所得，来源于投资转让中国境内 C 物贸公司的股权转让收益。

2.政策依据二：税率

《中华人民共和国企业所得税法》第四条规定，企业所得税的税率为 25％。非居民企业取得本法第三条第三款规定的所得，适用税率为 20％。

《中华人民共和国企业所得税法实施细则》第九十一条规定，非居民企业取得企业所得税法第二十七条第(五)项规定的所得，减按 10％的税率征收企业所得税。

实际操作：

A 投资人（股东）应按 10％税率缴纳企业所得税。

3.政策依据三：扣缴义务人

《中华人民共和国企业所得税法》第三十七条规定，对非居民企业取得本法第三条第三款规定的所得应缴纳的所得税，实行源泉扣缴，以支付人为扣缴义务人。税款由扣缴义务人在每次支付或者到期应支付时，从支付或者到期应支付的款项中扣缴。

依照本法第三十七条、第三十八条规定应当扣缴的所得税，扣缴义务人未依法扣缴或者无法履行扣缴义务的，由纳税人在所得发生地缴纳。

实际操作：

应确认在中国境内 C 物贸公司所在地管辖的税务机关缴纳"转让财产所得"企业所得税，并由所在地税务机关指定 C 物贸公司为扣缴义务人。

本案例，被转让股东与被转控股公司都在境外，股权交易也在境外完成，最终的被投资企业在中国上海，境外投资人转让所得来源于 C 物贸公司的资产和经营收益。在 C 物贸公司所属税务部门和我们尤尼泰（上海）税务师事务所的共同努力下，将已经于 2014 年 12 月在香港交易完毕的项目，于 2015 年 1 月 26 日在上海成功追回了 2.67 亿元的税款。

五、案例处理

这个案例，扣缴义务人没有承担非贸易付汇的义务，因此，没有款项可扣缴税款。税款是由纳税义务人汇入扣缴人账户，由扣缴人代缴。扣缴人财务核算，按其他往来处理。

案例4-4 境外培训费、资料费涉税案例

尤尼泰（上海）税务师事务所有限公司 赵志勇

一、案例分类

1. 税种分类：增值税、企业所得税

2. 行业分类：外商投资企业

3. 税收业务分类：非贸易项下付汇

4. 案例发生时间：2014

二、案例经济业务情况说明

2014年，甲公司与美国ABC软件公司签订协议，选派一批业务骨干去该公司参加为期两周的业务培训，合同总金额为150万美元。其中：培训费120万美元，资料费30万美元。甲公司与美国ABC软件公司签署的合同中有条款约定，美国ABC公司拥有此项目的所有权利和利益，美国ABC公司同意给予甲公司非唯一的、免版税的、有限许可地使用该项目的打印材料，这些打印材料不得在事先未经美方书面许可的情况下出售、转让或复制，也不得以同样或类似的方式使用该项目。

三、案例的解决、方案及结果

1. 资料费不认定为特许权使用费，不缴纳预提所得税。

2. 培训费及资料费的劳务发生地在境外，不缴纳增值税及企业所得税。

四、依据的相关税收政策以及政策分析

1. 根据《财政部、国家税务总局关于将铁路运输和邮政业纳入营业税改征增值税试点的通知》（财税〔2013〕106号）第十条规定，境外单位或者个人向境内单位或者个人提供完全在境外消费的应税服务，不属于在境内提供应税服务。因

此，该培训费、资料费不属于在境内征收增值税的范围。

2.根据《企业所得税法实施条例》第二十条的规定，特许权使用费收入，是指企业提供专利权、非专利技术、商标权、著作权以及其他特许权的使用权取得的收入。

《国家税务总局关于执行税收协定特许权使用费条款有关问题的通知》（国税函〔2009〕507号）规定，在服务合同中，如果服务提供方提供服务过程中使用了某些专门知识和技术，但并不转让或许可这些技术，则此类服务不属于特许权使用费范围。

中美税收协定规定，"特许权使用费"一语是指使用或有权使用文学、艺术或科学著作，包括电影影片、无线电或电视广播使用的胶片、磁带的版权，专利、专有技术、商标、设计、模型、图纸、秘密配方或秘密程序所支付的作为报酬的各种款项，也包括使用或有权使用工业、商业、科学设备或有关工业、商业、科学经验的情报所支付的作为报酬的各种款项。该资料费不符合相关规定，不属于特许权使用费，不缴纳预提所得税。

3.劳务发生地在美国，不缴纳企业所得税。

五、案例涉及的会计处理

借：相关费用 150 万美元

贷：银行存款 150 万美元

案例4-5　非居民纳税人股权转让所得计算口径案例

尤尼泰（辽宁）税务师事务所有限公司　马欣

一、案例分类

1. 税种分类：企业所得税

2. 行业分类：涉外企业

3. 经济业务分类：股权转让所得计量标准的确定

4. 案例发生时间：2014年03月

二、案例经济业务情况说明

2015年XX市国税局检查处，复核2014年度有关非居民企业股权转让所得税事项，发现某阳光花园房屋开发有限公司（以下简称Y公司）在2014年3月进行了外商投资企业股权转让给中方投资企业，计算的非居民企业所得税有问题。税务师事务所应企业要求进行复核，归纳情况如下：

1. 转让方为美国某国际公司（以下简称K公司），股权比例为45%，全部转让；受让方为某房地产开发有限公司（以下简称M公司），股权比例为55%，受让后变更为持股比例100%的一人有限公司。

2. Y公司注册资金500万美元，实收资本已按期到位，K公司汇入225万美元，M公司按等值275万美元汇入人民币。

3. 以2013年12月31日作为股权转让净资产评估的基准日，经YR资产评估事务所（普通合伙企业）评估，账面净资产价值3,916.17万元，使用资产基础法，评估价值3,991.06万元，评估增值率0.37%。

4. 资产评估是在LT会计师事务所有限公司出具的"股权转让专项审计报告"

的基础上进行的。经查阅审计报告，还做了有关追溯调整，将净资产调整成了与实收资本相近的数据。

5. 2014 年 3 月 20 日，甲方（转让方）K 公司与乙方（受让方）M 公司，签订了股权转让协议，转让价格确定为 1796.00 万元，与评估价值 3991.06 万元的 45% 基本相等。

6. K 公司投入资本时的实收资本为 225 万美元，按当时汇率约 8.2 折合人民币 1825 万元，Y 公司计算并提交股权转让所得资料显示的转让所得为负数，也就不涉及所得税代扣代缴的问题了。

7. 税务师复核提出问题，非居民股权转让所得应按原币外币计算，不能用人民币计算。计算出的外币所得再按支付日或者到期应支付日当月末汇率折算成人民币，进行代扣代缴申报处理。

8. 按支付日 2014 年度 4 月 20 日汇率 6.1255 计算，实际股权转让美元所得：$1,796÷6.1255-225=293.2-225=68.2$ 万美元。Y 公司应代扣代缴的股权转让所得税 $=68.2×6.1580×10\%=420×10\%=42$ 万元。

9. Y 公司于 2014 年 4 月 21 日取得 XX 市对外贸易经济合作局文件：关于 Y 公司股权变更及撤销批准证书的批复 XX 外经贸〔2014〕15 号，提示依据此文件到所属工商管理局办理相关手续。

10. XX 市工商管理局出具了"核准迁入登记通知书"并抄报外管局、质监局、海关，抄送区国地税局、区财政局、中国人民银行 XX 分行。

三、案例的解决、方案及结果

企业按税务师计算的结果补缴税款、滞纳金，并办理了股权变更相应手续。

四、依据的相关税收政策以及政策分析

1. 股权转让所得计算依据

《国家税务总局关于加强非居民企业股权转让所得企业所得税管理的通知》

（国税函〔2009〕698 号）第四条规定，在计算股权转让所得时，以非居民企业向被转让股权的中国居民企业投资时或向原投资方购买该股权时的币种计算股权转让价和股权成本价。如果同一非居民企业存在多次投资的，以首次投入资本时的币种计算股权转让价和股权成本价，以加权平均法计算股权成本价；多次投资时币种不一致的，则应按照每次投入资本当日的汇率换算成首次投资时的币种。

2.源泉扣缴管理办法

《国家税务总局关于印发〈非居民企业所得税源泉扣缴管理暂行办法〉的通知》（国税发〔2009〕3 号）第七条规定，扣缴义务人在每次向非居民企业支付或者到期应支付本办法第三条规定的所得时，应从支付或者到期应支付的款项中扣缴企业所得税。

本条所称到期应支付的款项，是指支付人按照权责发生制原则应当计入相关成本、费用的应付款项。扣缴义务人每次代扣代缴税款时，应当向其主管税务机关报送《中华人民共和国扣缴企业所得税报告表》（以下简称扣缴表）及相关资料，并自代扣之日起 7 日内缴入国库。

第九条规定，扣缴义务人对外支付或者到期应支付的款项为人民币以外货币的，在申报扣缴企业所得税时，应当按照扣缴当日国家公布的人民币汇率中间价，折合成人民币计算应纳税所得额。

五、案例体会：

此事项企业当时选择了与其合作的会计师事务所进行财务报表审计，期间涉及的税务问题直接与会计师事务所沟通。出了上述问题后，与会计师事务所沟通解释不了，随后邀请税务师事务所复核。但补缴税款、加收滞纳金已成事实，没有亡羊补牢的余地，再次印证企业重大涉税事项，应当与税务师事务所进行合作，才能有效控制风险。

案例4-6　非居民企业所得税税务咨询案例

尤尼泰广东税务师事务所有限公司　邹艳丽

一、基本情况

2013年3月5日，某A集团因清盘，将其在中国境内的6家公司（广州2家）的股权转让给B集团，涉及A集团转让广州2家公司股权缴纳非居民企业所得税事项。

A集团是一家于英属维尔京群岛注册成立的英属维尔京群岛有限责任商业公司，主要投资仓储和石化。因清盘，通过拍卖的方式将在中国境内拥有的6家公司股权转让给B集团，B集团也为注册在英属维尔京群岛的有限责任商业公司。A、B、清盘人及担保人于2012年9月17日共同签署了协议。

二、难点

1.中国境内的6家公司分别位于全国5个省市，存在地区差异，如何在各地确定非居民企业所得税应缴纳的金额？

2.6家公司希望能按售股协议的价格缴纳非居民企业所得税，但A与B为关联公司，税务部门是否接受此转让价格？

三、服务过程

1.向6家公司提出提交资料清单。

2.对A、B公司及中国境内6家公司的组织架构、机构设置、经营范围、核算形式、纳税申报、资产情况、负债情况、所有者权益情况进行了了解，对财务报表、协议、验资报告进行了全面审核，对存有疑点的问题与清盘人、6家公司通过邮件或电话会议共同确定。

3. 要求 6 家公司进一步提供资料。

4. 初步向 A 集团在广州境内公司的主管税务部门沟通股权转让事项，听取税务部门意见，并办理 A 集团临时税务登记，为申报做准备。

5. 对 6 家公司提交的资料进行整理、分析，草拟了申请报告，得到 6 家公司确认后，向主管税务部门递交了申请报告。期间与税务部门就关联关系及交易价格进行了多次会议讨论。

6. 2014 年 8 月 21 日，在广州完税。

四、针对难点提出的税收咨询建议

1. 从股权转让拍卖过程进行阐述价格的公允；

2. 从境内 6 家公司的资产情况说明资产变现能力：

（1）房屋建筑物、管道设施、存储设施等变现能力差，同时，该类资产的专属性强，需要有经营同类行业意向且具备一定资金能力的公司才会购买。

（2）6 家公司现有的土地及地上建筑物变现能力差，与购进时的价值相比并无显著增值，主要是因为：

①土地都为工业用地或仓库用地或港口用地，属于工业性质用地，如果要转为商业用地，则需要付出高额成本，因此，转为商业用地意义不大；

②6 家公司的土地所处地方偏远，或为荒地，增值空间不大；

③6 家公司的地上建筑物为油罐，主要存放石油，土地污染大，环境污染整治义务大，如改变用途甚至弃置均需承担高昂的整治费用和弃置费用，在可预见的期间内不可能转为商业用地。

3. 从境内 6 家公司的负债情况进一步说明购买境内 6 家公司也需承担其巨额债务，更需要股权购买方要有一定的资金实力才可以购买股权。

4.按股权成本价格将应缴纳的非居民企业所得税在境内 6 家公司进行分配。

五、相关税收法规

1.（国税发〔2010〕19 号）国家税务总局关于印发《非居民企业所得税核定征收管理办法》的通知

2.（国税函〔2009〕698 号）国家税务总局关于加强非居民企业股权转让所得企业所得税管理的通知

3.（国税发〔2009〕32 号）国家税务总局关于进一步加强非居民税收管理工作的通知

4.（国税发〔2009〕11 号）国家税务总局关于印发《非居民企业所得税汇算清缴工作规程》的通知

5.（国税发〔2009〕3 号）国家税务总局关于印发《非居民企业所得税源泉扣缴管理暂行办法》的通知

第五章　涉税争议案例

案例 5-1　关于推倒重置的税企争议案例

尤尼泰河北税务师事务所有限公司　薛燕子　李彦芹

一、摘要

2015 年 2 月，税务师事务所（以下简称事务所）在为一企业申报财产损失代理服务时，对申报事项是属于"财产损失"还是"推倒重置"与税务机关产生了意见分歧，后经多次沟通、陈述，最终取得认识上的一致，也使申报事项得到圆满解决。

二、背景资料

事情的起因是，该企业在 2002 年 12 月购入一栋办公楼，入账价值 200 万元，采用直线法计提折旧，期限 20 年，残值为零。2013 年 12 月，根据生产经营需要，企业决定拆除这一办公楼房，清理原址新建生产车间。在对办公楼的拆除过程中，发生拆除费用 20 万元，已开具建筑业劳务发票，在对拆除垃圾清理过程中无清理收入。截止办公楼拆除时，办公楼已计提折旧 110 万元，计提减值 10 万元。

当时，企业会计账务处理如下：

1. 决定拆除时，固定资产转入清理

借：固定资产清理 80

累计折旧 110

固定资产减值准备 10

贷：固定资产——房屋建筑物——办公楼 200

2. 发生拆除费用

借：固定资产清理 20

贷：银行存款 20

3.清理完毕，结转清理损益

借：营业外支出——固定资产清理净损失 100

贷：固定资产清理 100

事务所代理人员依据国家税务总局发布《企业资产损失所得税税前扣除管理办法》的公告（2011 年第 25 号）进行了申报，具体依据如下：

依据第三条判断该损失为法定资产损失。

依据第四条确定了法定资产损失，应当在企业向主管税务机关提供证据资料证明该项资产已符合法定资产损失确认条件，且会计上已作损失处理的年度申报扣除。

依据第九条、第十条该资产损失应进行专项申报。

依据第三十条准备了该损失相关的资料，并且根据该条的相关规定确定损失金额为 200-110=90 万元。

事务所代理人员将该损失资料准备齐全形成鉴证报告并进行专项申报。

几日后，主管税务机关来电话告知企业：企业拆旧建新，属于"推倒重置"行为，按国家税务总局《关于企业所得税若干问题的公告》（2011 年第 34 号）第四条的规定，应将办公楼原值减除提取折旧后的净值并入重置后生产车间的计税成本，不应按财产损失申报，要求企业取回已申报的财产损失报告。

突然的变化，使企业不知所然，很快打电话向事务所说明情况，询问怎么办。

三、争议问题解决思路

事务所了解情况后，召集相关业务骨干，首先检查为企业准备并申报的财产损失报告有什么差错，经复核确认所申报的报告没有任何差错。随后又分析税务机关退回财产损失报告的理由、依据和原因。分析的结果一致认为：税务机关与事务所在对企业"拆旧建新"这一行为，是属于"推倒重置"还是属于"推倒另置"的定性上，以及在适用税收政策规定上有了不同看法和分歧。

如何解决这一问题呢，事务所内部当时也有两种观点：

一种观点认为，应直接向主管税务机关陈述：根据国家税务总局《关于企业所得税若干问题的公告》（2011年第34号）第四条"企业对房屋、建筑物固定资产在未足额提取折旧前进行改扩建的，如属于推倒重置的，该资产原值减除提取折旧后的净值，应并入重置后的固定资产计税成本，并在该固定资产投入使用后的次月起，按照税法规定的折旧年限，一并计提折旧；如属于提升功能、增加面积的，该固定资产的改扩建支出，并入该固定资产计税基础，并从改扩建完工投入使用后的次月起，重新按税法规定的该固定资产折旧年限计提折旧。"的规定，不适用本企业此次财产损失申报，企业"拆旧建新"的实际情况不属于"推倒重置"，也不属于"提升功能、增加面积"的范畴，不应将资产原值减除提取折旧后的净值并入重置后的固定资产计税成本。

另一种观点认为，对税收政策的认识和理解上与税务机关产生不同看法，是很正常的，企业要想说服税务机关，按照企业的实际情况运用好税收政策，必须要客观反映企业的真实情况，通过摆事实、讲道理，再与相关税收政策进行比较，这样才有可能达到事半功倍的效果。因为，税收政策的制定，立足点是针对全国各行各业纳税人的共性问题，对某一企业的具体问题、特殊性问题，不可能一一涵盖。再则，与税务人员大讲税收政策，如同在法庭上与法官讲法律一样，那不是企业的特长，企业的特长是陈述事实真相，因为企业对自己的真实情况最清楚，也最有发言权。

于是，最后统一认识，决定采取第二种观点，用摆事实、讲道理的方法，向税务人员讲清楚企业"拆旧建新"属于"推倒另置"，而不是"推倒重置"这两者之间的区别，只要把这两者之间的区别讲清楚，其申报财产损失的定性也就清楚了。

四、争议解决的过程

事务所人员从五个方面进行了陈述准备：

一是从字面上理解。"推倒重置"，就是将原有已存在的房屋、建筑物拆除，再在原地建造一个同样的房屋、建筑物。如果从建筑专业角度讲，"推倒重置"应该为"翻建"，并且这个"翻建"要有非常严格的限制：必须遵循"原拆原建"的原则，即在原来地基上，按照原来面积、层高及使用功能重新翻建。如果不符合这样的限定条件，比如推倒之后再建造的房屋、建筑物较推倒之前在占地面积、建筑面积、使用功能等方面都有所变化的话，那就不属于"推倒重置"，而属于"推倒另置"。

二是察看企业的审批手续。根据《建设部办公厅关于城市规划区内原有房屋的拆建翻建办理规划审批问题的复函》（1992 年建办规字第 36 号）"在城市规划区内各项建设活动，不论新建、扩建、改建都必须取得城市规划行政主管部门核发的建设工程规划许可证后方可建设。房屋的拆建、翻建属于改建活动。因此，城市规划区内房屋的拆建、翻建，……都应当办理规划审批手续。"

根据这一复函的理解，一是对房屋和建筑物，不论是新建、扩建或改建，都必须取得城市规划行政主管部门核发的建设工程规划许可证；二是房屋的折建、翻建属于"改建活动"，而"推倒重置"也属于改建活动的一种。

顺此思路，查找企业在拆除原有办公楼、拟新建生产车间时是否有向市规划局上报申请或批复，经过查找，发现企业向市规划局上报的申请内容为：根据企业经营需要，拆除原有 5 层办公楼 2,600 平方米，新建生产车间 3,200 平方米。而市规划局批复内容为：经审核，同意企业拆除旧的办公楼、新建生产车间，并核发新建生产车间建设工程规划许可证。根据市规划局的批复，企业拆除旧的办公楼，建设新的生产车间，完全是两个独立的工程建设项目，应该属于"推倒另置"，而不属于"推倒重置"。

三是新、旧两个建筑物的对比。对其新、旧两个建筑物进行比较看：一是原有办公楼有 5 层，新建生产车间只有一层，建筑物的高度发生了变化；二是原有办公楼有 5 层建筑面积才 2600 平米，现在一层生产车间就 3200 平米，建筑面积发生了变化，不是在原址原建，而是清理原址后建筑面积有了较大扩展；三是原有办公楼是企业行政办公用房，现在是企业生产经营用房，建筑物的功能发生了变化。从这三大变化看，原有办公楼完全是拆除、不复存在；所建生产车间，完全是新建，应该属于"推倒另置"，而不属于"推倒重置"。

四是参考会计账务的相关处理。从会计角度看，企业的"拆旧建新"行为，虽然清理前后的固定资产都归属于房屋建筑物类别，但从账簿记录和会计报表、审计报告的披露对象上来说，分别属于"固定资产——房屋建筑物——办公楼"和"固定资产——房屋建筑物——生产厂房"两个不同的资产概念。

而企业的账务处理，正是符合"固定资产——房屋建筑物——生产厂房"这一资产概念。

五是对应适用的税收政策。综上所述，企业此项业务拆的是办公楼，建的是生产车间，不属于"原拆原建"、"推倒重置，"的范畴，不应将办公楼资产的原值减除提取折旧后的净值并入新建生产车间的计税成本。而应根据国家税务总局关于发布《企业资产损失所得税税前扣除管理办法》的公告（2011 年第 25 号）将尚未提完折旧的办公楼形成的损失进行专项申报在税前扣除。

通过以上沟通，税务机关认可了事务所的处理方式，但在申报财产损失的金额到底应为 100 万元？90 万元？80 万元时，又产生了不同看法。税务机关认为，既然按财产损失进行申报，其申报损失额应为 80 万元，而不是 90 万元，要求企业重新核定申报损失金额。

于是，事务所又向企业说明，在核定申报财产损失额时，必须弄清楚几个相关的概念，概念清楚了，财产损失额如何计算，也就一目了然了。这几个概念是：

一是账面余额，是指某个会计账户(科目)所有明细账户的余额汇总，即总账户余额。比如权益法核算的长期股权投资，包括成本、损益调整和其他权益变动等明细科目余额。

二是账面净值，一般是针对固定资产、无形资产和成本模式计量的投资性房地产而言的。账面净值等于账面余值减去计提的累计折旧和累计摊销的金额，它不扣除减值准备。

三是账面价值，是指账面余额减去其备抵科目后的余额。备抵科目，一般是指累计折旧(摊销)、资产减值准备等。

根据以上几个概念对于固定资产来讲：

账面余额=固定资产的账面原价；

账面净值=固定资产的折余价值=固定资产原价-计提的累计折旧；

账面价值=固定资产的原价-计提的累计折旧-计提的减值准备。

据此，该企业此项业务中固定资产的账面净值为200-110=90万元；

账面价值为200-110-10=80万元；

残值为0万元；责任人赔偿为0万元。

根据国家税务总局公告2011年第25号第三十条规定："固定资产报废、毁损损失,为其账面净值扣除残值和责任人赔偿后的余额。"固定资产的清理费用(拆除费用)不包括在固定资产损失范围之内,不需要按税务处理方式进行专项申报备案扣除,可直接在企业所得税前扣除。

五、争议问题的最终结果

通过与税务机关的反复沟通，并将依据及申报材料再次报给主管税务机关，税务机关经过复审，同意并批准了企业的财产损失报告。至此，一项税务代理服务业务圆满结束。最终，该企业此项业务应确认的财产损失为90-0-0=90万元。

案例 5 - 2　合作开发房地产涉税纠纷司法鉴定案例

尤尼泰（山东）税务师事务所有限公司　　赵国波

一、摘要

这是一个合作开发房地产项目当事人涉税纠纷案件，两家房地产公司合作开发房地产项目，其中一方是项目立项和纳税主体(本案一审原告)，另一方（本案一审被告）出资建设其中的一个楼座，并以立项方的名义对外销售，同时按约定负担并向立项方支付销售楼座的相关税费。由于双方合作合同中对此约定不明，双方产生争议，项目立项方作为原告将对方起诉到当地基层法院（XX 区法院），诉请被告方向其支付应当负担的税款。但由于双方意见不一，经双方当事人同意，审理法院委托我所为其作涉税司法会计鉴定。

我所接受委托对该案出具《涉税司法会计鉴定意见书》后，两名鉴定人依法出庭接受当事人质询。经审理，一审法院依据《涉税司法会计鉴定意见书》确定的数额作出一审判决，判决被告向原告支付企业所得税 2,927,194.01 元，土地增值税 1,127,850.42 元。

一审判决后，被告不服，向 XX 市中级人民法院提起上诉。二审法院经过审理，驳回上诉，维持原判。

二审终审判决后，被告不服，向 XX 省高级人民法院申请再审。再审中，本案鉴定人按法庭的要求，再次出庭接受当事人质询。

2015 年 1 月，XX 省高级人民法院以（2015）XX 民提字第 X 号《民事判决书》作出终审判决：维持 XX 市中级人民法院（2012）XX 民一终字第 XXX 号判决。

纵观本案，因该案定性明确，只是数额未定，由于被告对鉴定结果不满意，整个三个审级始终围绕着《涉税司法会计鉴定意见》进行。被告通过各种方式，聘请有关机构和人员，找出各种理由想推翻《涉税司法会计鉴定意见》，但终未达到目的。该《涉税司法会计鉴定意见》被三级法院所采信，依其鉴定税额作出司法判决。

另外，本鉴定由于时间跨度较长，从 2004 年开始合作发生经济业务到 2011 年双方发生纠纷，前后长达八年时间。在这八年时间里，税收政策发生了很大变化。2008 年 1 月 1 日开始施行新的企业所得税法，涉及房地产企业的企业所得税政策和汇算清缴期几经变化。土地增值税自 2007 年 2 月 1 日起，开始全面清算，其税收政策除适用国务院、财政部和国家税务总局规定外，还涉及适用地方政策问题。整个这些，都给本次涉税司法鉴定工作带来了较大难度。

本文出于保护当事人商业秘密的原因，对有关当事人及能反映案件特征的有关内容作了技术处理。

二、案情简介

1. 案件起因

2004 年 7 月 28 日，天宇房地产开发有限公司（以下简称天宇公司）（本案一审原告）同幸福置业集团有限公司（以下简称幸福公司）（本案一审被告）签订《楼座转让开发协议书》，约定将天宇公司立项的房地产开发项目-天宇苑 3 号楼以每平方米 1,780 元的价格转让给幸福公司投资建设，幸福公司享有受让楼座的开发建设受益权，楼座建成后幸福公司以天宇公司名义销售，天宇公司作为纳税主体向主管税务机关申报纳税，天宇公司承担转让价格部分（每平方米 1,780 元）的税费，幸福公司承担售房收入超出转让价款部分的税费。2004 年 9 月 15 日，天宇公司同幸福公司签订《补充协议》，约定购房合同价格超出楼座合作协议价格部分的税费由幸福公司承担，税费每月结算一次，税率按主管税务机关征收标准计算。另外还约定，企业所得税和土地增值税在工程完工后汇算清算，按双方实际发生的数额各自承担（即幸福公司负担双方签订楼座合作协议价超出部分的税额）。

在合同实际履行过程中，由幸福公司对 3 号楼投资建设并组织销售，由天宇公司收取售楼款，天宇公司按售房合同价格减除楼座合作协议价（每平方米 1,780 元）后的差额的 14.9%（营业税 5%，城建税 0.35%，教育费附加 0.15%，地方教育附加 0.05%，河道维护修建管理费 0.1%，预扣土地增值税 1%，预扣企业所得税 8.25%）从售楼款中扣收幸福公司应负担的各项税费，天宇公司扣收税款后，将其余款返还给幸福公司。天宇公司共计扣收各项税费 4,517,069.57 元，对此数额天宇公司和幸福公司均已认可。但双方在土地增值税和企业所得税最终结算税款时产生纠纷。

2.涉案楼座概况

2004 年 1 月 12 日，XX 市发展和改革委员会以 X 计字〔2004〕第 1 号文件对天宇公司申请的天宇苑房地产开发项目批复立项。其中：高层住宅楼三栋、多层住宅楼三栋。2004 年 3 月 3 日，取得 XX 市规划局颁发的《中华人民共和国建设工程规划许可证》，规划建设天宇苑 1～6 号楼，建设规模 36,543 平方米，其中：1-3 号高层住宅楼三栋 28,300 平方米，4～6 号多层住宅楼三栋 8,243 平方米。本次涉案楼座为其中的 3 号高层住宅楼（以下通称为天宇苑 3 号楼），该楼座于 2004 年 6 月 4 日取得 XX 市城市建设局颁发的 2004-086 号《中华人民共和国建筑工程施工许可证》，施工单位为 XX 建设集团公司。该楼座于 2007 年 2 月 14 日通过竣工验收，同年 2 月 15 日取得 XX 市城市建设局颁发的 X 开建竣备字第 2007-XX 号《XX 市建设工程竣工验收备案证》。2005 年 4 月 27 日取得 XX 市城市建设局颁发的 X 房注字第 XX 号《商品房预售许可证》。根据 XXXX 地产测绘有限公司出具的 XX 号《房屋测绘报告书》（该报告已经 XX 市房产登记交易中心备案），该楼座实测建筑面积 11,872.26 平方米。其中：住宅 78 户，建筑面积 10,416.69 平方米；会所建筑面积 702.77 平方米；公用设施建筑面积 752.80 平方米。

三、鉴定依据

1. 《XX 市 XX 区人民法院司法鉴定委托书》（XX 市 XX 区人民法院〔2011〕鉴字第 28 号）；

2. 天宇公司与幸福公司签订的《楼座转让开发协议书》及《补充协议》；

3. 《司法鉴定程序通则》（2007 年 8 月 7 日司法部令〔2007〕第 107 号）；

4. 《最高人民法院关于民事诉讼证据的若干规定》（最高人民法院法释〔2001〕33 号）；

5. 与土地增值税相关的法律、法规、规章及相关规范性文件，包括但不限于以下各项：

（1）《中华人民共和国土地增值税暂行条例》（1993 年 11 月 26 日国务院令 138 号）；

（2）《中华人民共和国土地增值税暂行条例实施细则》（1995 年 1 月 27 日财政部财法字〔1995〕6 号）；

（3）《关于房地产开发企业土地增值税清算管理有关问题的通知》（国家税务总局国税发〔2006〕187 号）；

（4）《XX 市地方税务局房地产开发项目土地增值税税款清算管理暂行办法》（XX 市地方税务局 X 地税发〔2008〕100 号）。

6. 与企业所得税相关的法律、法规、规章及相关规范性文件，包括但不限于以下各项：

（1）《中华人民共和国企业所得税法》（2007 年 3 月 16 日主席令第 63 号）；

（2）《中华人民共和国企业所得税暂行条例》（1993 年 12 月 13 日国务院令

第 137 号）；

（3）《中华人民共和国企业所得税法实施条例》（2007 年 12 月 6 日国务院令第 512 号）；

（4）《企业所得税汇算清缴管理办法》（国家税务总局国税发〔2005〕200 号）；

（5）《企业所得税汇算清缴管理办法》（国家税务总局国税发〔2009〕79 号）；

（6）《关于房地产开发有关企业所得税问题的通知》（国家税务总局国税发〔2003〕83 号）；

（7）《关于房地产开发业务征收企业所得税问题的通知》（国家税务总局国税发〔2006〕31 号）；

（8）《房地产开发经营业务企业所得税处理办法》（国家税务总局国税发〔2009〕31 号）。

四、基础法律关系和税收法律关系分析

天宇苑项目六个楼座（其中三幢高层、三幢多层））由天宇公司立项。立项后天宇公司将其中的一幢高层楼座（3 号楼）以每平方米 1,780 元的价格转让给幸福公司投资建设。由幸福公司以天宇公司名义开发建设和销售受让的 3 号楼座，包括工程施工合同、设计合同、监理合同、房屋销售合同等在内的各类合同，均由天宇公司作为合同主体一方。幸福公司取得的与投资建设天宇苑 3 号楼相关的各种票据抬头（即付款人）均注明为天宇公司。整个项目的销售主体、会计核算主体、纳税主体均为天宇公司，天宇公司承担对税务机关依法纳税的法定义务，幸福公司按《楼座转让开发协议书》及《补充协议》承担受让楼座售房收入超出转让价款部分的税费的合同约定义务。天宇公司和幸福公司双方在合同履行过程中，天宇公司按实际销售收入减除转让价款后的余额作为计税收入，按 14.9% 的比例扣收幸福公司流转税和企业所得税（计算公式：实测销售面积×〔实际销售

单价-1,780 元〕×14.9%）。双方均同意按该计算方法扣收幸福公司税款并且对依该方法扣收幸福公司的税款 4,517,069.57 元确认无误。

土地增值税在达到清算条件时需要以国家有关部门审批的房地产开发项目为单位进行清算，对于分期开发的项目，以分期项目为单位清算。企业所得税则需要在每个纳税年度（同会计年度，在我国为 1 月 1 日至 12 月 31 日）终了之日起一定时期内（2007 年前为 4 个月，自 2008 年开始为 5 个月）以企业（2008 年开始按法人）为单位进行汇算清缴。为保证国家税收均衡入库，税法规定土地增值税和企业所得税均须按规定的预征率进行预缴，待清算或汇算清缴时根据其预缴税额和清算结果确定其补税和退（抵）税。由于天宇公司需要对收取的 3 号楼售房款向主管税务机关预缴土地增值税和企业所得税。因此，天宇公司从收取的 3 号楼售楼款中按计税收入的 1% 和 8.25%，分别预扣土地增值税和企业所得税，待土地增值税清算完毕和企业所得税汇算清缴后双方结算税款。所以《补充协议》第五条约定："所得税和土地增值税在工程完工后的汇算清缴，按双方实际发生的数额各自承担〔即乙方（幸福公司）负担双方签订楼座合作协议价超出部分的税额〕"。根据本条约定，天宇公司承担 1,780 元以内的土地增值税和企业所得税，幸福公司承担实际售价超过 1,780 元部分土地增值税和企业所得税。这就需要计算出实际收入超过 1,780 元时的应纳税额。这里的"实际发生的数额"是指双方根据实际取得的收入和实际发生的成本费用按税法相关规定计算出来并缴纳的土地增值税和企业所得税。这些收入和成本费用不但要实际发生、已计入天宇公司会计账簿，而且这些收入和成本费用已纳入土地增值税清算和相关年度的所得税汇算清缴（按税法规定成本费用还要取得合规票据）。由于 3 号楼售房收入和发生的成本费用已并入天宇公司统一进行土地增值税清算和各该年度的企业所得税汇算清缴，则 3 号楼缴纳的土地增值税税款和所得税税款属于土地增值税经清算和所得税经汇算清缴实际缴纳税款的一部分。在计算 3 号楼缴纳的土地增值税和企业所得税时，其计税收入同扣收营业税及附加时的计税收入相同，即，计算土地增值税和企业所得税的计税收入=实测销售面积×（实际销售单价-1,780 元）。计税成本则为实际发生并由幸福公司和天宇公司双方各自承担的成本费用。

五、鉴定过程说明

1.天宇苑 3 号楼各税计税收入及天宇公司已扣幸福公司税款情况

（1）天宇苑 3 号楼已销售 78 户中的 55 户，面积 7,365.96 平方米，取得售房收入 43,334,288.33 元，扣除天宇公司转让价款 13,111,408.80 元（7,365.96 平方米×1,780 元）后，得出幸福公司计税收入为 30,222,879.53 元。该数额已经幸福公司和天宇公司确认，双方无异议。

（2）天宇公司从上述售楼收入中已扣收各种税费 4,517,069.57 元。天宇公司和幸福公司均已确认，双方无异议。已扣税费分类列示如下：

项　目	计算基数	税率/征收率/费率	已扣税费金额
售楼总收入	43,334,288.33		
减：对应天宇公司转让楼花收入	13,111,408.80		
收入净额	30,222,879.53		
营业税	30,222,879.53	5%	1,511,143.98
城建税	1,511,143.98	7%	105,780.08
教育费附加	1,511,143.98	3%	45,334.32
地方教育附加	1,511,143.98	1%	15,111.44
河道费	30,222,879.53	0.10%	30,222.88
土地增值税	30,222,879.53	1%	302,228.80
预交所得税	30,222,879.53	8.25%	2,507,248.07
税费合计			4,517,069.57

2.天宇苑 3 号楼发生的房地产开发成本：

项　目	金　额	说　明
发票已交付且天宇公司已入账的开发成本	21,731,232.80	天宇公司和幸福公司均已确认。
加：天宇公司已实际发生但应由幸福公司负担的开发成本	567,551.49	
其中：1、防雷检测费	16,240.00	
2、消防检测费	32,316.27	
3、物业管理基金	158,658.25	XX 省高级人民法院
4、电费及物品费	10,844.97	（2010）XX 民一终字
5、3 号楼四周回填土工程款	7,452.00	第 XX 号《民事判决
6、供热配套费	342,040.00	书》。
减：判决天宇公司承担成本	2,097,410.32	
其中：地下室、会所建设及相关共同配套设施	2,097,410.32	
属于幸福公司承担的开发成本总额	20,201,373.97	

3.天宇苑 3 号楼缴纳的土地增值税

（1）天宇苑项目土地增值税清算结果

天宇公司主管税务机关根据国税发〔2006〕187 号《国家税务总局关于房地产开发企业土地增值税清算管理有关问题的通知》第二条第（二）款的规定，要求天宇公司对天宇苑开发项目进行土地增值税清算。天宇公司于 2009 年 11 月份以 2009 年 9 月 30 日为清算基准日对天宇苑开发项目进行了土地增值税清算。

天宇公司根据主管税务机关的规定，委托 XXXX 税务师事务所有限责任公司出具了编号为〔2009〕XX 所鉴字 1-026 号《土地增值税清算税款鉴证报告》。主管税务机关经审核，通过了上述《土地增值税清算税款鉴证报告》并同意企业土地增值税清算结果。

根据税法规定，企业在进行土地增值税清算时，要分别普通住房和非普通住房两种类型进行清算。普通住房和非普通住房划分标准系根据《XX 市人民政府办公厅关于稳定住房价格进一步推进住房保障体系建设的通知》(X 政办发〔2005〕24 号) 公布的标准执行，即凡同时符合单套建筑面积在 120 平方米以下 (含 120 平方米)、住宅小区建筑容积率在 1.0 以上 (含 1.0) 的住房为普通住房；普通住房以外的房屋统称为非普通住房 (X 地税发〔2008〕100 号《XX 市地方税务局房地产开发项目土地增值税税款清算管理暂行办法》第四条将该划分标准作为土地增值税清算时划分普通住房和非普通住房的标准)。

①普通住房清算结果

普通住房增值额与扣除项目金额之比为 13.35%，符合《土地增值税暂行条例》第八条第 (一) 款关于纳税人建造普通标准住宅出售，增值额未超过扣除项目金额 20%的免税条件，免征土地增值税。具体明细如下：

项　目	行　次	金　额 (元)
一、房地产收入总额	1	93,325,355.66
二、扣除项目金额合计	2	82,330,312.78
1. 取得土地使用权所支付的金额	3	1,312,876.49
2. 房地产开发成本	4	58,033,858.54
3. 房地产开发费用	5	5,934,673.50
4. 与转让房地产有关的税金	6	5,179,557.24
5. 财政部规定的其他扣除项目	7	11,869,347.01
三、增值额	8	10,995,042.88
四、增值额与扣除项目金额之比 (%)	9	13.35%
五、适用税率 (%)	10	
六、速算扣除系数 (%)	11	
七、应缴土地增值税额	12	
八、已缴土地增值税税款	13	
九、应补 (退) 土地增值税税额	14	

②非普通住房清算结果

非普通住房增值额 10,446,622.10 元,增值额与扣除项目金额之比为 19.80%,适用税率为 30%,速算扣除数为 0,应纳土地增值税 3,133,986.63 元,减去已预缴土地增值税 1,565,385.26 元,尚需补缴土地增值税 1,568,601.37 元。经主管税务机关审核,同意上述清算结果。天宇公司于 2011 年 6 月 3 日对上述结果进行了土地增值税清算申报,并于同日补缴土地增值税清算税款 1,568,601.37 元。经审核天宇公司缴纳土地增值税完税凭证,确认实际缴纳土地增值税税款 3,179,802.09 元,较土地增值税申报表上已缴税款 3,133,986.63 元多缴 45,815.46 元。具体明细如下:

项　目	行　次	金　额（元）
一、房地产收入总额	1	63,213,170.65
二、扣除项目金额合计	2	52,766,548.55
1. 取得土地使用权所支付的金额	3	838,228.42
2. 房地产开发成本	4	37,052,708.18
3. 房地产开发费用	5	3,789,093.66
4. 与转让房地产有关的税金	6	3,508,330.97
5. 财政部规定的其他扣除项目	7	7,578,187.32
三、增值额 24=1-5	8	10,446,622.10
四、增值额与扣除项目金额之比（%）	9	19.80%
五、适用税率（%）	10	30%
六、速算扣除系数（%）	11	0.00
七、应缴土地增值税税额	12	3,133,986.63
八、已缴土地增值税税款	13	1,565,385.26
九、应补（退）土地增值税税额	14	1,568,601.37

（2）天宇苑 3 号楼售房收入已纳入土地增值税清算部分

①售房收入（元）

项 目	售房收入	减：天宇公司转让收入	计税基数
普通住宅	10,333,271.44	2,922,955.80	7,410,315.64
非普通住宅	16,816,400.21	4,861,820.80	11,954,579.41
合 计	27,149,671.65	7,784,776.60	19,364,895.05

②已扣税金（元）

项 目	普通住房	非普通住房	合 计
营业税	370,515.77	597,728.98	968,244.75
城建税	25,936.13	41,841.01	67,777.14
教育费附加	11,115.45	17,931.88	29,047.33
地方教育费附加	3,705.16	5,977.27	9,682.43
合 计	411,272.51	663,479.14	1,036,021.89

③开发成本分配（面积单位：平方米；成本单位：元）

项 目	可售部分			其中：已售房屋		其中：未售房屋	
	面 积	单位成本	总成本	面 积	分配成本	面 积	分配成本
普通住房	2,733.33	1,939.33	5,300,822.19	1,642.11	3,184,589.17	1,091.22	2,116,233.02
非普通住房	7,683.36	1,939.33	14,900,551.78	2,731.36	5,297,001.72	4,952.00	9,603,550.06
合 计	10,416.69	1,939.33	20,201,373.97	4,373.47	8,481,590.89	6,043.22	11,719,783.08

④3 号楼非普通住房缴纳的土地增值税计算

项　目	行　次	金　额（元）	计算依据
一、房地产收入总额	1	11,954,579.41	
二、扣除项目金额合计	2	7,549,581.37	3 行+4 行+5 行+10 行
1. 房地产开发成本	3	5,297,001.72	
2. 房地产开发费用	4	529,700.17	3 行×10%
3. 与转让房地产有关的税金	5	663,479.14	6 行+7 行+8 行+9 行
其中：（1）营业税	6	597,728.98	1 行×5%
（2）城市维护建设税	7	41,841.01	6 行×7%
（3）教育费附加	8	17,931.88	6 行×3%
（4）地方教育费附加	9	5,977.27	6 行×1%
4. 财政部规定的其他扣除项目	10	1,059,400.34	3 行×20%
三、增值额	11	4,404,998.04	1 行-2 行
四、增值额与扣除项目金额之比（%）	12	58.35%	11 行÷2 行×100%
五、适用税率（%）	13	40%	
六、速算扣除系数（%）	14	5%	
七、应缴土地增值税税额	15	1,384,520.15	11 行×13 行-2 行×14 行
八、已缴土地增值税税款	16	193,648.99	已售普通+非普通已扣税款
九、应补土地增值税税额	17	1,190,871.16	15 行-16 行

经过计算，3 号楼非普通住房增值额与扣除项目金额之比为 58.35%，应适用 40% 的土地增值税税率，速算扣除系数为 5%，按此标准计算，幸福公司应承担 1,384,520.15 元的土地增值税，减去天宇公司已扣收的土地增值税 193,648.99 元，尚应付给天宇公司土地增值税 1,190,871.16 元。

根据天宇苑项目土地增值税整体清算情况，天宇公司投资建设的其他 5 个楼座由于售价偏低、而成本负担却较多，导致非普通住房整体增值额与扣除项目金额比例仅为 19.8%，低于 3 号楼 38.55 %。因此在清算时适用 30% 的土地增值税最低税率。既然项目整体清算时非普通住房部分适用 30% 的最低税率，则作为其中一部分的 3 号楼清算，也应当与整体清算采用相同的 30% 适用税率，而不能单独适用 40% 的税率（法定纳税义务优先于合同约定的税款给付义务）。在这种情况下，3 号楼增值额多，就多缴土地增值税，3 号楼增值额少，就少缴纳土地增值税，体现了量能负担原则，同时也符合合同目的。因此，3 号楼非普通住房缴纳的土地增值税为 1,321,499.41 元，减去天宇公司已扣收的土地增值税 193,648.99 元，天宇公司尚未扣收土地增值税 1,127,850.42 元。具体如下：

项　目	行　次	金　额（元）	计算依据
一、房地产收入总额	1	11,954,579.41	
二、扣除项目金额合计	2	7,549,581.37	3 行+4 行+5 行+10 行
1. 房地产开发成本	3	5,297,001.72	
2. 房地产开发费用	4	529,700.17	3 行×10%
3. 与转让房地产有关的税金	5	663,479.14	6 行+7 行+8 行+9 行
其中：（1）营业税	6	597,728.98	1 行×5%
（2）城市维护建设税	7	41,841.01	6 行×7%
（3）教育费附加	8	17,931.88	6 行×3%
（4）地方教育费附加	9	5,977.27	6 行×1%
4. 财政部规定的其他扣除项目	10	1,059,400.34	3 行×20%
三、增值额	11	4,404,998.04	1 行-2 行
四、增值额与扣除项目金额之比（%）	12	58.35%	11 行÷2 行×100%
五、适用税率（%）	13	30%	
六、速算扣除系数（%）	14		
七、应缴土地增值税税额	15	1,321,499.41	11 行×13 行
八、已缴土地增值税税款	16	193,648.99	已售普通+非普通已扣税款
九、应补土地增值税税额	17	1,127,850.42	15 行-16 行

注：这里的已缴土地增值税税款 193,648.99 元系天宇公司已扣收幸福公司已售房屋已纳入土地增值税清算部分土地增值税税款，虽已销售但未计入土地增值税清算的已扣收土地增值税税款 108,579.81 元未包括在内。

⑤3 号楼普通住房缴纳的土地增值税计算

项　目	行　次	金　额（元）	计算依据
一、房地产收入总额	1	7,410,315.64	
二、扣除项目金额合计	2	4,551,238.44	3 行+4 行+5 行+11 行
1. 房地产开发成本	3	3,184,589.17	
2. 房地产开发费用	4	318,458.92	3 行×10%
3. 与转让房地产有关的税金	5	411,272.51	6 行+7 行+8 行+9 行
其中：（1）营业税	6	370,515.77	1 行×5%
（2）城市维护建设税	7	25,936.13	6 行×7%
（3）教育费附加	8	11,115.45	6 行×3%
（4）地方教育费附加	9	3,705.16	6 行×1%
4. 财政部规定的其他扣除项目	10	636,917.83	3 行×20%
三、增值额	11	2,859,077.20	1 行-2 行
四、增值额与扣除项目金额之比（%）	12	62.82%	12 行÷2 行×100%
五、适用税率（%）	13	40%	
六、速算扣除系数（%）	14	5%	
七、应缴土地增值税税额	15	916,068.96	11 行×13 行-2 行×14 行
八、已缴土地增值税税款	16		
九、应补土地增值税税额	17		

经计算，天宇苑 3 号楼普通住房增值额为 2,859,077.20 元，增值额与扣除项目金额之比为 62.82%，大于 20%。不符合免税条件，按规定计算出应缴纳土地增值税 916,068.96 元。

根据天宇苑项目土地增值税清算结果，普通住房增值额与扣除项目金额之比为 13.35%，小于 20%，享受政策性免税待遇。虽然 3 号楼普通住房经计算须缴纳土地增值税 916,068.96 元，但由于项目整体清算普通住房不须缴纳土地增值税。因此，作为项目整体一部分的 3 号楼普通住房亦无须缴纳土地增值税。出现这种情况的原因是由于售价、成本发生不均衡造成的。由于 3 号楼普通住房售价较高、成本较低，单独计算时 3 号楼增值较大，增值率较高。但普通住房整体清算时，售价和成本得以平均，售价较低的其他楼座拉低了 3 号楼的售价，成本较高的其他楼座拉升了 3 号楼的成本，从而导致增值额较小，增值率较低，而且在优惠政策增值率 20% 以下，从而免征土地增值税。

综上所述，在天宇公司已对天宇苑项目进行清算的情况下，应纳税额 3,133,986.63 元，减去已缴税额 1,565,385.26 元，补缴土地增值税 1,568,601.37 元。天宇苑 3 号楼已纳入土地增值税部分按实际发生数额计算缴纳的土地增值税 1,321,499.41 元，减去天宇公司已扣收土地增值税 193,648.99 元，天宇公司尚未扣收土地增值税 1,127,850.42 元。

（3）天宇苑 3 号楼实际已销售但未纳入土地增值税清算部分

在天宇公司进行涉案项目土地增值税清算时，3 号楼尚有 22 套、建筑面积 2,992.49 平方米的已售房屋作为未售处理，未纳入土地增值税清算。具体明细如下：

序号	房号	实测面积（平方米）	单价（元）	房款总额（元）	减：天宇公司转让收入		计税收入（元）
					楼花单价（元）	金额（元）	
1	301	160.11	4,940	790,943.40	1,780	284,995.80	505,947.60
2	401	166.67	5,020	836,683.40	1,780	296,672.60	540,010.80
3	501	159.60	5,100	813,960.00	1,780	284,088.00	529,872.00
4	601	154.25	5,180	799,015.00	1,780	274,565.00	524,450.00
5	701	154.25	5,000	771,250.00	1,780	274,565.00	496,685.00
6	702	108.77	5,000	543,850.00	1,780	193,610.60	350,239.40
7	703	124.61	5,000	623,050.00	1,780	221,805.80	401,244.20
8	801	154.25	5,040	777,420.00	1,780	274,565.00	502,855.00
9	802	108.77	5,070	551,463.90	1,780	193,610.60	357,853.30
10	902	108.77	5,150	560,165.50	1,780	193,610.60	366,554.90
11	903	124.61	5,080	633,018.80	1,780	221,805.80	411,213.00
12	1301	154.25	6,040	931,670.00	1,780	274,565.00	657,105.00
13	1503	124.61	6,340	790,027.40	1,780	221,805.80	568,221.60
14	1802	108.77	5,870	638,479.90	1,780	193,610.60	444,869.30
15	1901	154.25	5,700	879,225.00	1,780	274,565.00	604,660.00
16	2603	127.03	7,360	934,940.80	1,780	226,113.40	708,827.40
17	2701	156.84	5,000	784,200.00	1,780	279,175.20	505,024.80
18	2702	108.77	5,000	543,850.00	1,780	193,610.60	350,239.40
19	2703	127.03	5,000	635,150.00	1,780	226,113.40	409,036.60
20	1601	154.25	6,080	937,840.00	1,780	274,565.00	663,275.00
21	603	127.42	5,524.20	703,893.56	1,780	226,807.60	477,085.96
22	803	124.61	5,653.80	704,520.02	1,780	221,805.80	482,714.22
合　计		2,992.49		16,184,616.68		5,326,632.20	10,857,984.48

对上述未纳入土地增值税清算的售房收入，根据国税发〔2006〕187 号《国家税务总局关于房地产开发企业土地增值税清算管理有关问题的通知》第八条的规定，天宇公司不需再进行土地增值税清算，只是按规定进行土地增值税的纳税申报即可。天宇公司已扣收幸福公司已售未计入土地增值税清算部分土地增值税 108,579.81 元在申报该部分土地增值税税款时予以抵扣。

天宇苑 3 号楼土地增值税清算口径未售部分共有 45 套房屋，建筑面积 6,043.22 平方米。其中：包括 22 套实际已售房屋，建筑面积 2,992.49 平方米；23 套未售房屋，建筑面积 3,050.73 平方米

4. 天宇公司天宇苑项目汇算清缴缴纳企业所得税情况

（1）天宇公司自 2005 年至 2009 年企业所得税汇算清缴情况

天宇苑项目自 2005 年纳税年度开始缴税，截至 2009 年度，楼盘全部已售部分均已纳入各该年度汇算清缴缴纳税款。

天宇公司自 2005 年度-2009 年度通过企业所得税汇算清缴实际缴纳的企业所得税税款为 12,597,218.16 元。其中：2005 年缴纳 2,325,969.60 元；2006 年缴纳 4,142,536.37 元；2006 年度税务稽查查补缴纳 497,451.67 元；2007 年缴纳 4,761,229.08 元；2008 年缴纳 580,938.60 元；2009 年缴纳 289,092.84 元。各年汇算清缴情况如下（元）：

项目	2005 年	2006 年	2007 年	2008 年	2009 年	合计
纳税调整前所得额	-986,123.37	-2,046,271.55	38,219,111.55	2,383,364.66	1,127,574.69	38,697,655.98
纳税调整增加	8,114,140.82	14,815,375.28	80,158.05	97,589.72	28,796.66	23,136,060.53
1.预计利润额	8,114,140.82	14,065,252.59				22,179,393.41

项目	2005 年	2006 年	2007 年	2008 年	2009 年	合计
2. 其他		750, 122.69	80, 158.05	97, 589.72	28, 796.66	956, 667.12
纳税调整减少		215, 963.20	23, 871, 302.70	157, 200.00		24, 244, 465.90
1. 投资收益		215, 963.20	145, 200.00	157, 200.00		518, 363.20
2. 预计利润额			23, 668, 982.70			23, 668, 982.70
3. 其他			57, 120.00			57, 120.00
应纳税所得额	7, 128, 017.45	12, 553, 140.53	14, 427, 966.90	2, 323, 754.38	1, 156, 371.35	37, 589, 250.61
适用税率	33%	33%	33%	25%	25%	
应交所得税额	2, 352, 245.76	4, 142, 536.37	4, 761, 229.08	580, 938.60	289, 092.84	12, 126, 042.64
汇算清缴实际缴纳所得税	2, 325, 969.60	4, 142, 536.37	4, 761, 229.08	580, 938.60	289, 092.84	12, 099, 766.49
税务稽查补缴所得税		497, 451.67				497, 451.67
实际缴纳企业所得税	2, 325, 969.60	4, 639, 988.04	4, 761, 229.08	580, 938.60	289, 092.84	12, 597, 218.16

天宇公司 2004 年预收天宇苑项目房款 9,000,000.00 元,2005 年度预收天宇苑项目房款 29,545,681.00 元,两年共计预收售房款 38,545,681.00 元。根据国家税务总局国税发〔2003〕83 号《国家税务总局关于房地产开发有关企业所得税问题的通知》第二条的规定,在 2005 年度企业所得税汇算清缴时,将预收房款 38,545,681.00 元按规定的利润率计算出预计营业利润额 8,114,140.82 元,将其并入当期应纳税所得额统一计算缴纳企业所得税。在当期应纳税所得额为亏损 986,123.37 元的情况下,由于将预收房款计算出的预计营业利润额 8,114,140.82 元计入,使 2005 年度汇算清缴应纳税所得额变为 7,128,017.45 元,按 33% 税率计算,应缴纳企业所得税 2,352,245.76 元,实际缴税 2,325,969.60 元。

天宇公司 2006 年度预收天宇苑项目房款 70,068,107.20 元,根据国家税务总局国税发〔2006〕31 号《国家税务总局关于房地产开发业务征收企业所得税问题的通知》第一条关于未完工开发产品的税务处理问题的规定,在 2006 年度企业所得税汇算清缴时,将房屋预售收入 70,068,107.20 元按规定的计税毛利率计算出当期毛利额 14,065,252.59 元,计入 2006 年度应纳税所得额。在当期应纳税所得额为亏损 2,046,271.55 元的情况下,由于将预售收入计算出的预计毛利额 14,065,252.59 元计入,导致 2005 年度汇算清缴应纳税所得额为 12,553,140.53 元(调整前应纳税所得额-2,046,271.55 元+预计毛利额计入 14,065,252.59 元+其他纳税调增 750,122.69 元-纳税调减 215,963.20),按 33% 税率计算,应缴纳企业所得税为 4,142,536.37 元,实际缴税 4,142,536.37 元。

2007 年 12 月 28 日,XX 市地方税务局稽查局对天宇公司 2005 年-2006 年纳税年度纳税情况进行例行常规检查。检查结果由天宇公司补缴 2006 年度税款 497,451.67 元(X 地税处〔2007〕X 号《税务处理决定书》)。

2007 年度企业所得税汇算清缴时,天宇公司根据国家税务总局国税发〔2006〕

31 号《国家税务总局关于房地产开发业务征收企业所得税问题的通知》的规定，结转天宇公司天宇苑项目销售收入 141,449,070.88 元。同时，将 2005 年度汇算清缴计入当期应纳税所得额的预计营业利润 8,114,140.82 元、2006 年汇算清缴计入当期应纳税所得额的预计毛利额 14,065,252.59 元、税务稽查补缴税款 491,564.47 元对应的应纳税所得额 1,489,589.29 元，合计 23,668,982.70 元，在 2007 年汇算清缴年度作纳税调减处理。2007 年度企业所得税汇算清缴应纳税所得额 14,427,966.90 元，按 33％税率计算，应纳所得税额为 4,761,229.08 元，实际缴税 4,761,229.08 元。

2008 年度企业所得税汇算清缴时，天宇公司根据国家税务总局国税发〔2009〕31 号《国家税务总局关于印发房地产开发经营业务企业所得税处理办法的通知》的规定，结转天宇苑项目销售收入 13,062,515.12 元。2008 年度企业所得税汇算清缴应纳税所得额 2,323,754.38 元，按 25％税率计算，应纳所得税额为 580,938.60 元，实际缴税 580,938.60 元。

2009 年度企业所得税汇算清缴时，天宇公司根据国家税务总局国税发〔2009〕31 号《国家税务总局关于印发房地产开发经营业务企业所得税处理办法的通知》的规定，结转天宇苑项目销售收入 13,454,324.07 元。2009 年度企业所得税汇算清缴应纳税所得额 1,156,371.35 元，按 25％税率计算，应纳所得税额为 289,092.84 元，实际缴税 289,092.84 元。

（2）天宇公司自 2005 年至 2009 年度企业所得税汇算清缴缴纳的不属于天宇苑楼盘项目的税款 1,027,780.33 元，应从总税款 12,597,218.16 元中减除。明细如下（元）：

项　目	2005 年	2006 年	2007 年	2008 年	2009 年	合　计
森林苑项目尾盘销售利润	1,343,015.47					1,343,015.47
房屋租赁利润	354,303.88	310,997.77	339,544.78	484,794.61	469,165.00	1,958,806.04
建筑安装					57,984.00	57,984.00
合　计	1,697,319.35	310,997.77	339,544.78	484,794.61	527,149.00	3,359,805.51
适用税率	33%	33%	33%	25%	25%	
应交所得税额	560,115.39	102,629.26	112,049.78	121,198.65	131,787.25	1,027,780.33

①森林苑项目尾盘销售利润 1,343,015.47 元，均发生在 2005 年度，以后年度未再发生。明细如下（元）：

年份	收　入	成　本	营业税	城建税	教育费附加	地方教育费附加	土地增值税	利　润
2005	2,018,485.72	543,259.43	100,924.29	7,064.70	3,027.73	1,009.24	20,184.86	1,343,015.47
合计	2,018,485.72	543,259.43	100,924.29	7,064.70	3,027.73	1,009.24	20,184.86	1,343,015.47

②房屋租赁利润 1,958,806.04 元，具体明细如下（元）：

年份	收　入	成　本	营业税	城建税	教育费附加	地方教育费附加	房产税	利　润
2005	460,000.00	51,366.12	15,500.00	1,085.00	465.00	80.00	37,200.00	354,303.88
2006	410,000.00	27,047.23	20,500.00	1,435.00	615.00	205.00	49,200.00	310,997.77
2007	430,000.00	24,590.22	21,500.00	1,505.00	645.00	215.00	42,000.00	339,544.78
2008	625,000.00	31,317.89	31,250.00	2,187.50	937.50	312.50	74,200.00	484,794.61
2009	570,000.00	-	28,500.00	1,995.00	855.00	285.00	69,200.00	469,165.00
合计	2,495,000.00	134,321.46	117,250.00	8,207.50	3,517.50	1,097.50	271,800.00	1,958,806.04

③建筑安装利润 57,984.00 元，发生在 2009 年度，其他年度未发生。明细如下（元）：

年　份	收　入	成　本	营业税	城建税	教育费附加	地方教育费附加	印花税	利　润
2009 年	60,000.00		1,800.00	126.00	54.00	18.00	18.00	57,984.00
合　计	60,000.00	–	1,800.00	126.00	54.00	18.00	18.00	57,984.00

（3）天宇公司自 2005 年度至 2009 年企业所得税纳税年度汇算清缴缴纳的所得税税款 12,597,218.16 元在减除不属于天宇苑项目的所得税 1,027,780.33 元后，属于天宇苑项目本身产生并缴纳的所得税税款为 11,569,437.83 元。

项　　目	2005 年	2006 年	2007 年	2008 年	2009 年	合　　计
天宇公司缴纳的全部所得税	2,325,969.60	4,639,988.04	4,761,229.08	580,938.60	289,092.84	12,597,218.16
非天宇苑项目缴纳的所得税	560,115.39	102,629.26	112,049.78	121,198.65	131,787.25	1,027,780.33
专属天宇苑项目缴纳的所得税	1,765,854.21	4,537,358.78	4,649,179.30	459,739.95	157,305.59	11,569,437.83

5. 天字苑 3 号楼缴纳的企业所得税

（1）各年结转收入情况（元）

项 目	售房收入天宇公司计入所得税汇算清缴年度			合 计
	2007 年	2008 年	2009 年	
实测面积	6,353.02	760.91	252.03	7,365.96
售房毛收入	37,534,254.75	4,391,620.00	1,408,413.58	43,334,288.33
减：天宇公司转让价款	11,308,375.60	1,354,419.80	448,613.40	13,111,408.80
计税收入	26,225,879.15	3,037,200.20	959,800.18	30,222,879.53

（2）开发成本总额计算（元）

项 目	2007 年	2008 年	2009 年	合 计	说 明
已入账开发成本	15,775,120.44		5,956,112.36	21,731,232.80	幸福公司均已确认附件
加：判决 3 号楼承担成本	567,551.49			567,551.49	
其中：1. 防雷检测费	16,240.00			16,240.00	
2. 消防检测费	32,316.27			32,316.27	
3. 物业管理基金	158,658.25			158,658.25	XX 省高级人民法院（2010）民一终字第 X 号《民事判决书》
4. 电费及物品费	10,844.97			10,844.97	
5. 3 号楼四周回填土工程款	7,452.00			7,452.00	
6. 供热配套费	342,040.00			342,040.00	
减：判决天宇公司承担成本	2,097,410.32			2,097,410.32	
其中：地下室、会所建设及相关共同配套设施	2,097,410.32			2,097,410.32	
3 号楼（幸福公司）承担的开发成本总额	14,245,261.61		5,956,112.36	20,201,373.97	

（3）各年销售成本计算（元）

项　目	2007 年	2008 年	2009 年	合　计
3 号楼发生成本总额（元）	14,245,261.61		5,956,112.36	20,201,373.97
3 号楼累计发生成本总额（元）	14,245,261.61	14,245,261.61	20,201,373.97	20,201,373.97
可售建筑面积（平方米）	10,416.69	10,416.69	10,416.69	10,416.69
可售建筑面积单位成本（元）	1,367.54	1,367.54	1,939.33	
已售建筑面积（平方米）	6,353.02	760.91	252.03	7,365.96
累计销售面积（平方米）	6,353.02	7,113.93	7,365.96	7,365.96
累计应结转销售成本（元）	8,688,022.00	9,728,598.42	14,285,009.21	14,285,009.21
减:前期累计已结转已售房屋销售成本（元）		8,688,022.00	9,728,598.42	
本期已售房屋应分摊成本（元）	8,688,022.00	1,040,576.42	4,556,410.79	14,285,009.21

（4）各年营业税金及附加计算汇总（元）

税（费）目	税　率	2007 年	2008 年	2009 年	合　计
营业税（元）	5%	1,311,293.96	151,860.01	47,990.01	1,511,143.98
城建税（元）	7%	91,790.58	10,630.20	3,359.30	105,780.08
教育费附加（元）	3%	39,338.81	4,555.81	1,439.70	45,334.32
地方教育费附加（元）	1%	13,112.95	1,518.59	479.90	15,111.44
土地增值税（预缴）（元）	1%	262,258.80	30,372.00	9,598.00	302,228.80
合　计		1,717,795.10	198,936.61	62,866.91	1,979,598.62

（5）3 号楼缴纳的企业所得税（元）

项　目	2007 年	2008 年	2009 年	合　计
销售收入	26,225,879.15	3,037,200.20	959,800.18	30,222,879.53
营业税金及附加	1,717,795.10	198,936.61	62,866.91	1,979,598.62
河道费	26,225.88	3,037.20	959.80	30,222.88
广告策划费	214,721.14			214,721.14
销售成本	8,688,022.00	1,040,576.42	4,556,410.79	14,285,009.21
应纳税所得额	15,146,388.01	1,744,536.17	-3,676,274.02	13,214,650.16
税率	33%	25%	25%	
幸福公司应承担所得税额	4,998,308.04	436,134.04		5,434,442.08
已扣所得税额	2,177,495.53	250,569.02	79,183.52	2,507,248.07
应付税款	2,820,812.51	185,565.02	-79,183.52	2,927,194.01

①天宇苑 3 号楼 1402 户、2801 户、2802 户、2803 户计税收入 3,037,200.20元，本应在 2007 年纳税年度结转收入，但天宇公司将其延至 2008 年纳税年度结转收入，计入 2008 年应纳税所得。由于两年之间税率发生变动，由 33%降为 25%。由此得出 3 号楼少缴纳企业所得税 139,562.89 元（1,744,536.17×（33%-25%））。

②幸福公司 2009 年提交给天宇公司的 3 号楼 X 建安集团公司建筑业发票，按税法规定，只能计入取得发票的当年，抵减当年应纳税所得额。而不能追溯计入到以前年度（天宇公司未预提）。由此形成的 2009 年度亏损 3,676,274.02 元只能向后结转，用未来五个纳税年度的盈利额弥补该亏损。

③天宇苑 3 号楼开发成本归集和销售成本结转均按国税发〔2009〕31 号文的规定执行。

④成本费用项目中的"广告策划费"214,721.14 元，系根据 XX 省高级人民法院（2010）XX 民一终字第 X 号《民事判决书》判决结果计入。

综上所述，天宇公司已对天宇苑项目已售部分进行所得税汇算清缴，共计缴纳税款 11,569,437.83 元，而天宇苑 3 号楼 2007-2009 年度按实际发生数额计算缴纳的企业所得税为 5,434,442.08 元，减去天宇公司已扣收幸福公司所得税 2,507,248.07 元，天宇公司尚未扣收企业所得税 2,927,194.01 元。

六、鉴定意见

1. 经土地增值税清算，3 号楼缴纳的土地增值税为 1,321,499.41 元，减去天宇公司已扣土地增值税 193,648.99 元，天宇公司尚未扣收土地增值税 1,127,850.42 元。

2. 经过 2007 年，2008 年，2009 年三个纳税年度的企业所得税汇算清缴，3 号楼缴纳的企业所得税为 5,434,442.08 元，减去天宇公司已扣企业所得税 2,507,248.07 元，天宇公司尚未扣收企业所得税 2,927,194.01 元。

七、鉴定报告中的说明事项

在鉴定过程中，幸福公司提供了与建设天宇苑 3 号楼相关发票共计 14 份，发票金额 1,325,056.60 元。由于该等发票未提交给天宇公司，天宇公司未入账，更未计入土地增值税清算成本和企业所得税汇算清缴成本。这些发票对本次鉴定的应纳税额没有影响。因此本次鉴定未将其计入天宇苑 3 号楼计税成本，明细（略）。

八、鉴定人出庭接受质询

鉴定人出庭接受当事人质询时，被告方代理人提出 7 个方面问题，作为抗辩理由，以表明鉴定意见不公允、不合理，建议法庭不能对其采信。

针对被告方代理人提出的抗辩意见，鉴定人根据鉴定过程中掌握的大量证据（包括但不限于双方签订的合作协议及补充协议、原被告相关会计账页、会计凭证、发票、判决书、审计及鉴证报告、项目开发所需的各种立项验收资料、各种纳税申报表、争议税种完税凭证、税务机关有关涉税文书、经双方确认的各种销售明细表和已支付税款明细表以及相关成本明细表等），综合运用合同法、物权法等相关民商法律、依据企业所得税法和土地增值税相关法律、行政法规、规章和规范性文件，对被告代理人提出的七个问题进行了释明。最终法院未采纳被告的辩护意见。

抗辩理由一：被告代理人提出，双方签订的合同实际上是楼座转让协议，而不是合作协议。被告方按每平方米 1,780 元支付了对价，被告方取得了讼争楼座天宇苑 3 号楼的开发建设权，被告拥有对开发建设楼座形成房屋的所有权。所以，应该计算 3 号楼应该负担的企业所得税和土地增值税。因此，鉴定报告的计算方法是错误的，不能采信。

鉴定人释明：当事人双方 2004 年 7 月 28 日签订的《楼座转让开发协议书》及 2004 年 9 月 15 日签订的《补充协议》，虽协议的名称是楼座转让，但通观协议全文及双方在开发过程中实际运作情况，并非是楼座转让，而是转让楼座开发收益权，是双方进行合作开发房地产的一种具体形式。理由如下：

（1）天宇苑 3 号楼未发生物权变动，土地使用权人未发生变化，房屋的所有权人也未发生变化。在将房屋售出且买受人办理分户小产权证之前，天宇公司始终是该天宇苑项目（包括幸福公司投资建设的 3 号楼）的土地使用权人和房屋所有权人，物权没有发生任何变化。

（2）天宇公司收取的"楼座转让款"，并未向幸福公司开具发票，主管税务机关也未要求其开具。

（3）天宇苑整个项目的开发主体是天宇公司，幸福公司只是在向天宇公司支付了名义上的"楼座转让款"后，享有了 3 号楼的投资建设权（注：不是开发权），以天宇公司的名义对外签订各种采购合同，取得的发票其抬头（付款人）也是天宇公司。销售房屋时《售房合同》的销售主体是天宇公司、售房款也是由天宇公司收取。

（4）纳税法定义务主体是天宇公司，幸福公司承担合同约定义务，幸福公司投资建设3号楼取得的收益，按合同约定应负担并向天宇公司支付天宇公司已缴纳的企业所得税和土地增值税（双方结算时采用本方法，平时的税金由天宇公司在收取的3号楼售楼款中扣收，结算时多退少补）。

（5）幸福公司从未向天宇公司主张过3号楼的物权（包括土地使用权和房屋所有权）。

抗辩理由二：被告代理人提出，被告方取得了讼争楼座的开发建设权，鉴定报告应该计算讼争楼座天宇苑3号楼应该负担的企业所得税和土地增值税，而不是鉴定报告中所述的对被告方幸福公司投资建设天宇苑3号楼应该负担的税款数额进行鉴定。鉴定报告的鉴定对象错误，未达到委托鉴定目的，该鉴定报告不能采信。

鉴定人释明：《鉴定报告》按照X区人民法院的《司法鉴定委托书》中的委托要求，根据合同约定方式和税法规定方法计算出幸福公司因投资建设3号楼应负担的企业所得税和土地增值税，符合委托目的，鉴定报告中得出的鉴定意见正是当事人双方诉争所要解决的关键问题。一审原告天宇公司作为鉴定申请人，申请对幸福公司投资建设的天宇苑3号楼缴纳的企业所得税和土地增值税进行鉴定，不是对3号楼应该负担的所得税和土地增值税进行鉴定，而是对幸福公司投资建设天宇苑3号楼应该负担的税款数额进行鉴定。3号楼作为一个物理实体，无法承担企业所得税和土地增值税。能够负担并向天宇公司支付企业所得税和土地增值税的主体只能是合同的当事人一方幸福公司，其必然要承担投资建设3号楼所产生的各种税金。

鉴定人只须鉴定幸福公司开发建设的 3 号楼应负担并应支付给天宇公司的企业所得税和土地增值税就已完成了受托事项。

抗辩理由三：关于鉴定报告中所采用的收入和成本，应是整个 3 号楼发生的全部收入和原被告两方为 3 号楼发生的总成本，从而应计算整个 3 号楼发生的税费。而不应是鉴定报告中所确认的收入和成本，鉴定报告计算方法错误，不能采信。

鉴定人释明：《司法鉴定委托书》原文："原告天宇 XX 集团有限公司向法院申请对被告幸福 XX 投资集团有限公司投资建设的天宇—天宇苑 3 号楼缴纳的企业所得税、土地增值税进行鉴定，根据有关规定，现委托你公司进行鉴定。"

这里法院不是委托鉴定人对"天宇苑 3 号楼缴纳的企业所得税、土地增值税进行鉴定"，而是"对被告幸福公司投资建设的天宇苑 3 号楼缴纳的企业所得税、土地增值税进行鉴定"。该委托事项由两个要件构成：第一个要件，必须是幸福公司投资建设的，第二个要件，必须是天宇苑 3 号楼。这两个要件缺一不可。《鉴定报告》正是根据该《司法鉴定委托书》的委托事项，对幸福公司投资建设的天宇苑 3 号楼，就其归属于幸福公司的收入和成本，鉴定其应负担和应支付给天宇公司的企业所得税和土地增值税。计算整个 3 号楼发生的税费已无必要。

本次鉴定的目的，就是对幸福公司投资建设的天宇苑 3 号楼，鉴定幸福公司应负担和应支付给天宇公司的企业所得税和土地增值税。3 号楼发生的全部收入和成本，与本鉴定目的无关。

3 号楼本身应承担的税金和幸福公司投资建设的 3 号楼应承担的税金不是一个概念，其内涵和外延均不相同，不可混淆。3 号楼本身应承担的税金无法计算，这是因为计算 3 号楼的税金，只是遵照执行税法的有关规定，与双方的合同约定无关。而幸福公司投资建设的 3 号楼应负担的企业所得税和土地增值税则可以计算，因为归属于幸福公司的收入和成本是确定的，只须按照合同约定和税法的相关规定计算即可。

抗辩理由四：鉴定报告中天宇公司 2007 年全年缴纳企业所得税金额 4,761,229.06 元，而鉴定报告中幸福公司 2007 年却负担企业所得税 4,998,308.04 元，一个楼座负担的企业所得税竟然超过了整个楼盘的企业所得税，完全不合理，不能采信。

鉴定人释明：

（1）从税收分类上看，企业所得税属于收益性质的税收，实行比例税率，2007 年（含）前税率 33%，自 2008 年开始，税率为 25%，收益额（税法上称为应纳税所得额）的计算是收入总额减除扣除总额之后的结果，该结果可能大于 0（盈利），也可能小于零（亏损）。收益额与所得税额成正比例关系，收益额大，企业所得税就多，收益额小，企业所得税也就越少。收入额和所得税并不是正比例关系，并不是说收入额越大，收益额就一定越大，收入少收益额就一定越小。在收入既定的情况下，收益额取决于成本的大小。

（2）天宇公司是法定纳税义务主体，承担依法向税务机关申报缴纳企业所得税的法定义务。幸福公司投资建设的天宇苑 3 号楼，虽然按合同约定，其税金应由幸福公司负担，但幸福公司并不是法定纳税主体，承担法定纳税义务，而是根据合同约定，将其负担的企业所得税支付给天宇公司。归属于幸福公司的收入和成本要并入到天宇公司，由天宇公司统一向税务机关申报企业所得税。

根据 2008 年 1 月 1 日开始施行的《中华人民共和国企业所得税法》（中华人民共和国主席令第 63 号）（以下简称新税法）第五条规定："企业每一纳税年度的收入总额，减除不征税收入、免税收入、各项扣除以及允许弥补的以前年度亏损后的余额，为应纳税所得额。"用公式表示：

应纳税所得额=收入总额-不征税收入-免税收入-各项扣除-弥补以前年度亏损。

在计算应纳税所得额方面，新老税法虽然具体表述有差异，但本质上并没有根本上的区别。

幸福公司 2007 年投资建设的 3 号楼收入是确定的，3 号楼发生的成本总额也是确定的（当事人双方均已确认），然后按照税法规定的方法计算得出来的利润也是确定的。2007 年度企业所得税汇算清缴，天宇公司本身收入虽然较大，为 115,798,391.73 元（申报表收入 142,024,270.88 元—归属于幸福公司收入 26,225,879.15 元），但天宇公司作为纳税义务主体有更多的扣除项目、成本费用也更大，而且还有纳税调整减少额 23,871,302.70 元。所有这些因素，导致天宇公司 2007 年度亏损-718,421.11 元。正是天宇公司的该部分亏损抵减了幸福公司 3 号楼的利润贡献额。2007 年度汇算清缴实际缴纳企业所得税才是 4,761,229.06 元，而不是幸福公司的 4,998,308.04 元，但双方进行所得税结算时，应按归属于幸福公司的实际收入（已扣除每平方米 1,780 元的楼座受益开发资金）和实际发生的成本计算出来利润，承担合同义务，负担并向天宇公司支付天宇公司已缴纳的企业所得税。

这里需要特别说明的是，在各年企业所得税汇算清缴时，有时天宇公司应纳税所得额多些，有时幸福公司应纳税所得额多些，在向税务机关作企业所得税汇算清缴时，两者相互抵顶。因此，出现合并汇总缴纳所得税小于幸福公司实际负担的所得税，是完全正常的。待到双方进行所得税结算时，只要幸福公司应负担的所得税不超过天宇公司企业所得税汇算清缴时就天宇苑项目实际缴纳的所得税，则幸福公司就应在该数额限额内负担并向天宇公司支付所得税款。天宇公司

已对天宇 - 天宇苑项目已售部分进行所得税汇算清缴，共计缴纳税款11,569,437.83 元，而天宇苑 3 号楼应由幸福公司负担 2007～2009 年度按实际发生数额计算缴纳的企业所得税为 5,434,442.08 元，该金额小于天宇苑项目缴纳的企业所得税 11,569,437.83 元，因此，幸福公司应负担并支付给天宇公司所得税总额应为 5,434,442.08 元。

天宇公司作为法定纳税义务主体，应将幸福公司开发建设 3 号楼取得的收入和 3 号楼发生的成本并入其所得税申报表，统一向税务机关申报纳税。除幸福公司的收入和成本外，其他收入和成本项目如何向税务机关申报，与幸福公司无关。幸福公司只就归属于自身的收入和成本计算负担并支付企业所得税。

抗辩理由五：关于鉴定报告 15 页，2007 年 3 号楼单位建安成本是 1,367 元（3 号住宅楼是精装修），成本远低于实际工程造价，造成了被告方多承担税款的结果，完全不合理，不能采信。

另外，鉴定报告中未按国税发〔2009〕31 号文件规定对未取得发票的成本进行预提。导致鉴定结果错误，不能采信。

鉴定人释明：建筑安装工程成本是指开发项目开发过程中发生的各项建筑安装费用。主要包括开发项目建筑工程费和开发项目安装工程费等。计算可售面积单位成本用的成本与工程造价中的建安成本根本就是两码事。两者的概念不同，内涵和外延不同，计算公式不同，用途不同，可售面积单位成本是会计核算中计算经营成果、计算缴纳所得税的成本，是税法上计算房屋销售成本的专用名词，不能用可售面积单位成本来评价工程造价的高低。

国税发〔2009〕31 号《国家税务总局关于印发〈房地产开发经营业务企业所得税处理办法〉的通知》，自 2008 年 1 月 1 日开始实施，对 2008 年 1 月 1 日之前发生的经济业务没有追溯力。把该文件适用到 2007 年度，是错误的。

抗辩理由六：被告代理人提出，鉴定报告中在计算幸福公司投资建设的 3# 楼应负担的企业所得税和土地增值税时，其收入和成本未考虑被告方支付的楼座转让款每平方米 1,780 元。计算方法错误，导致鉴定结论错误，不能采信。

鉴定人释明：在鉴定报告中，计算土地增值税和企业所得税的计税收入=实测销售面积 X（实际销售单价-1780 元）。计税成本则为实际发生并由幸福公司和天宇公司双方各自承担的成本费用。其理由详见《鉴定报告》第四项-分析说明段。

如果收入中包括天宇公司的转让楼座款收入，成本中包括幸福公司支付给天宇公司的楼座转让款，即使这样，其计算结果仍同鉴定报告中的结论相同。因为对于幸福公司来讲，就同一个数额来讲，减少收入和增加成本对利润来讲，并无区别。即使对于土地增值税，增加的这部分成本，由于不是土地增值税法中认可的成本，因此也无法对其作加计扣除。幸福公司并不因此少负担 1 分钱的企业所得税和土地增值税。《鉴定报告》中应支付给天宇公司多少土地增值税和企业所得税，那么用这种方法计算，仍然需要支付给天宇公司多少土地增值税和企业所得税，幸福公司的税负并未因此减轻。

抗辩理由七：被告代理人提出，鉴定报告中在计算被告应负担的 3 号楼企业所得税时，只扣除了平时预扣被告的土地增值税 302,228.80 元，没有扣除本次鉴定被告应该补缴的土地增值税 1,127,850.42 元。导致鉴定结果错误，不能采信。

鉴定人释明：这里需要说明的是，根据双方合同约定，双方必须按实际发生的数额进行所得税汇算清缴和土地增值税清算。按此原则，1,127,850.42 元土地增值税尚未支付给天宇公司，因此不能在所得税前扣除，待该笔税款实际支付给天宇公司后，在余下的房屋税收清算款中再行扣除。这是因为双方还有 23 套房屋没进行所得税汇算清缴，还有 45 套房屋没有进行土地增值税清算的缘故。这是不言自明的问题。

九、本案启示

1. 企业一定要把好经济合同签订关，实现交易利益的最大化和法律风险最小化。经济合同是企业防范经营风险和控制税收风险以及降低税收成本最有效手段。本案纠纷的起因就是因为合作协议中涉税分担条款约定不明造成的。

2. 合作双方就有关事项产生争议后，尽量做到协商解决，各做让步，以避免讼累。如一旦进入诉讼程序，短则一年，长则几年。给当事人带来很大负担。本案从区法院 2011 年开始一审到 2015 年初省高院终审判决，整整经历了四年多时间，耗费了当事人大量精力，双方都得不偿失。

3. 如果涉税诉讼不可避免，当事人在聘请律师的同时，最好同时聘请注册税务师，对案件涉及的金额做全面测算，得出应收或应付的税款金额，做到心中有数。如果原告方提出的金额少于该金额，被告方即认可该数额，双方即可调解结案。如果心中无数，在诉讼中势必陷于被动。本案中，就是因为被告在心中无数的情况下，不同意原告较小金额的诉讼请求，从而启动涉税司法会计鉴定程序，导致多负担很多税款。

4. 注册税务师在掌握好税法的同时，一定要学好、运用好民商法律。合同作为基础法律关系的载体决定交易模式，从而决定合同当事人之间利益分配关系和税负水平。本案涉税司法会计鉴定就是从双方签订的合作合同作为切入点，分析其基础法律关系和税收征纳法律关系，从而奠定了本次涉税司法会计鉴定的整体思路。

5. 注册税务师一定要有强烈的证据意识。涉税司法鉴定由于其本身属于司法活动组成部分，其对证据的要求要远高于一般的涉税鉴证。作为涉税司法鉴定的证据都必须具备客观性（真实性）、关联性、合法性。单项证据的证明力达到排除合理怀疑标准，全部单项证据形成证据锁链，为形成涉税司法会计鉴定意见提供充分证据。只有这样，才能经得住双方当事人（包括其聘请的专家和专业机构）的质证，从而使鉴定结论立于不败之地。